水运工程施工标准化建设指南系列

Shuiyun Gongcheng Shigong Biaozhunhua Jianshe Zhinan

水运工程施工标准化建设指南

Shigong Gongyipian Hangyundian Shuniu Gongcheng

施工工艺篇[航运(电)枢纽工程]

水运工程施工标准化示范创建工作指导组

人民交通出版社股份有限公司
China Communications Press Co.,Ltd.

内 容 提 要

本书为《水运工程施工标准化建设指南》施工工艺篇航运(电)枢纽工程分册,是在总结全国水运工程施工标准化示范创建活动成果的基础上,吸纳湖北、四川等省航运(电)枢纽工程施工标准化的实践经验和成果编制而成。本书根据航运(电)枢纽工程施工特点,重点介绍泄水闸、电站、船闸(分水墙)、金属结构安装、围堰等施工工艺标准化管理措施和要求,采用大量工程实例图片进行示意,从工艺简述、工艺准备要点、工艺实施流程、工艺控制重点等四个方面,提出成熟且具有推广价值的工艺的推荐性要求,内容符合现行水运工程标准规范,对引导实施施工标准化管理的思路和方向、规范航运(电)枢纽工程施工具有很好的指导作用。

本书适用于以航运为主、兼顾发电的航运(电)枢纽工程中泄水闸、电站、船闸(分水墙)、金属结构安装、围堰工程的施工管理。

图书在版编目(CIP)数据

水运工程施工标准化建设指南. 施工工艺篇. 航运(电)枢纽工程 / 水运工程施工标准化示范创建工作指导组组织编写. — 北京 : 人民交通出版社股份有限公司, 2019.4

ISBN 978-7-114-15493-5

Ⅰ. ①水… Ⅱ. ①水… Ⅲ. ①航道工程—工程施工—标准化管理—指南②水利枢纽—工程施工—标准化管理—指南 Ⅳ. ①U615-62②TV63-62

中国版本图书馆 CIP 数据核字(2019)第 078361 号

水运工程施工标准化建设指南系列

书　　名: 水运工程施工标准化建设指南　施工工艺篇[航运(电)枢纽工程]
著 作 者: 水运工程施工标准化示范创建工作指导组
责任编辑: 吴有铭　刘永超　黎小东
责任校对: 刘　芹
责任印制: 张　凯
出版发行: 人民交通出版社股份有限公司
地　　址: (100011)北京市朝阳区安定门外外馆斜街 3 号
网　　址: http://www.ccpress.com.cn
销售电话: (010)59757973
总 经 销: 人民交通出版社股份有限公司发行部
经　　销: 各地新华书店
印　　刷: 北京市密东印刷有限公司
开　　本: 880 × 1230　1/16
印　　张: 4
字　　数: 80 千
版　　次: 2019 年 4 月　第 1 版
印　　次: 2019 年 4 月　第 1 次印刷
书　　号: ISBN 978-7-114-15493-5
定　　价: 35.00 元

#《水运工程施工标准化建设指南系列》

编审委员会

审定委员会

编写组织委员会

序

标准化是现代名词,但它的产生却由来已久。常言道:不以规矩,不成方圆。秦一统天下后颁布“车同轨,书同文,行同伦”的国策,并统一度量衡,成为中华民族灿烂文化和国家经济法律的标准基石。明嘉靖年间的《龙江船厂志》说:“夫板之厚薄,每船具有定式……一尺三钉,原有成规。”强调“定式、成规”的规矩意识。现代标准化是近二三百年发展起来的。蒸汽机的出现和工业革命的开始,将标准化推向前端,成为现代工业文明的基础,现如今标准化已成为走向世界的通行证。

标准化是社会化专业化生产组织的技术纽带,是科学规范管理的内在要求,与工程建设的关系极为密切,推行标准化是国家的一项重要技术经济政策。习近平总书记强调,标准决定质量,有什么样的标准就有什么样的质量,只有高标准才有高质量。《中华人民共和国标准化法》规定:“标准化工作的任务是制定标准、组织实施标准以及对标准的制定、实施进行监督。”工程建设技术标准体系已建立健全,但各地区、各项目在“组织实施标准”方面不同程度存在不平衡、不规范的问题。特别是在施工中标准化的操作上存在较大差异,开展有组织、有规则、有措施地贯彻执行标准的活动,编制水运工程施工标准化指南,就是破解上述问题的重要措施。

在现代工程管理理念引领下,2011 年高速公路施工标准化活动率先开展,形成了一大批成果,促进了工程建设管理水平和施工规范程度的双提升,并带动了质量水平的全面提升。2015 年底,全国水运工程施工标准化活动正式拉开帷幕,以质量问题为导向,以提升质量水平为目标,坚持抓基础、抓示范、抓耐久性的原则,以 13 个地区、25 个示范试点项目施工标准化和技术攻关创新的经验为基础,经过三年积极实践探索和系统总结,编制形成了《水运工程施工标准化建设指南》以及《水运工程建设项目质量管理体系》《水运工程建设项目质量安全责任基本清单》等成果。《水运工程施工标准化建设指南》中,场地布设科学是基础、工艺控制精准是关键、管理行为规范是保障,三者皆中规矩绳墨,方可拧成一股绳。《水运工程建设项目质量管理体系》《水运工程建设项目质量安全责任基本清单》,是《水运工程施工标准化建设指南》实施的保障,也是“施工安全文明、工艺可靠先进、管理有序受控”的内在要求。

取法乎上,仅得乎中。质量是百年大计,必须坚持高标准严要求,规范过程确保结果,将水下、隐蔽环节施工的精准控制、精细管理作为水运施工标准化实施的重中之重,将看不见、讲不清、验不了的部位、环节,通过标准化的方法和步骤,力争打造一批社会满意、经得起考验的“百年工程”,促进水运工程建设高质量可持续发展,为交通强国建设添砖加瓦。

心存敬畏,方得始终,手有规矩,才成方圆。让习惯符合标准,让标准成为习惯,标准化有你有我,我们永远在标准化的路上。

交通运输部安全与质量监督管理司

2018 年 11 月 13 日

编制说明

《中共中央　国务院关于开展质量提升行动的指导意见》中将"加快推进工程质量管理标准化,提高工程项目管理水平"列为重要任务。《交通运输部关于打造公路水运品质工程的指导意见》(交安监发〔2016〕216号)也将推进工程施工标准化作为打造品质工程、提升工程管理水平的重要举措。为进一步提升水运工程建设质量安全管理水平,促进水运工程质量管理方式转变,提升水运工程质量安全总体水平,实现行业健康有序发展,2015年8月,交通运输部印发《交通运输部办公厅关于开展水运工程施工标准化示范创建活动的通知》(交办安监〔2015〕125号),在行业内开展为期三年的覆盖13个示范创建地区、25个项目的水运工程施工标准化示范创建活动,并明确在全面总结提炼各地区工作基础上,编制形成《水运工程施工标准化建设指南》(以下简称《指南》),在行业中推广应用。

《指南》定位为管理手册,区别于施工作业指导书、施工组织设计与行业标准规范,旨在对项目管理层策划和施工标准化实施起到指导作用,以水运工程质量安全问题为导向,从全行业通用、便于推广应用的角度,在成熟的、完整的工艺基础上,进一步总结经验,倡导工业化建造、装配化施工、精细化管理,引导和推动企业积极研发和应用性能可靠、先进适用的新技术、新工艺、新设备和新材料,推动实现"施工安全文明,工艺可靠先进,管理有序受控",不断提升水运工程外观质量和耐久性。

《指南》作为水运工程施工标准化示范创建活动重要成果之一,由交通运输部安全与质量监督管理司组织,活动协调办公室牵头,工作指导组成员单位具体负责,参加单位分工协作开展编写,随活动开展同步进行。《指南》由现场布设篇、管理行为篇、施工工艺篇3部分组成,其中施工工艺篇分为码头工程、船闸工程、内河航道整治工程、航电枢纽工程4个分册。现场布设篇坚持"绿色、安全和环保"理念,结合水运工程建设特点,按照两区三厂集约化管理原则,提出因地制宜、有利于风险防控和文明施工的思路对工程现场进行合理布局。管理行为篇以构建基于信息化的质量安全管理体系为核心,主要立足项目管理,着眼施工现场,以水运工程质量安全责任基本清单为基础,梳理工程实施的主要管理工作事项,明确项目各环节管理要素之间的逻辑关系,突出专项方案落实、首件工程认可、平安工地建设等重点内容。施工工艺篇以提升实体质量和精细化水平为落脚点,围绕“工艺简述、施工准备要点、工艺实施流程、工艺控制重点”四个方面展开，主要阐述重要安全技术条件、施工中易忽视环节、质量控制关键措施、通病防治措施等要素。

《指南》编制过程中，江苏省交通运输厅工程质量监督局、福建省交通建设质量安全监督局、浙江省交通建设工程监督管理局、河北省水运工程质量安全监督局、江西省交通建设工程质量监督管理局、上海市交通建设工程质量监督站、广东省交通运输厅、长江航务管理局、南京水利科学研究院作为各分册主编单位，付出了极大的心血。26 家单位 69 名基层一线从业人员参与了编制工作，同时 25 个试点项目各参建单位给予了大力支持。15 家从业单位的专家参与了对《指南》的审定，吴利科、吕卫清、顾明、吴今权等全国水运工程建造、勘察设计大师对《指南》提出了许多宝贵意见，特别是吴利科同志作为总校单位负责人对全书进行了指导和审核把关，在此一并表示感谢。

水运工程施工标准化示范创建工作指导组

2018 年 11 月 13 日

前　言

本书为《水运工程施工标准化建设指南　施工工艺篇[航运(电)枢纽工程]》分册。全书共分为6章,以提升实体质量和精细化水平为落脚点,以航运(电)枢纽施工突出问题为切入点,梳理相对成熟的实践经验和先进技术,涵盖了基本规定、通用工程、围堰、泄水闸、电站、金属结构安装等内容,船闸其他章节见《水运工程施工标准化建设指南　施工工艺篇(船闸工程)》分册。每章节主体按照"工艺简述、工艺准备要点、工艺实施流程、工艺控制重点"四个方面展开。本书提出的措施和做法,在示范创建项目上得到了应用,为航运(电)枢纽工程实施提供了质量、安全管理的技术保障。

在本书编制过程中,江西省交通建设工程质量监督管理局、江西省港航建设集团投资有限公司新干项目办公室作为主编单位,付出了极大的心血;中国葛洲坝集团第一工程有限公司、中交第二航务工程局有限公司、江苏科兴项目管理有限公司、广州新珠工程监理有限公司参加了编制工作;同时还得到了湖北省交通运输厅工程质量监督局、四川省交通运输厅工程质量监督局、湖南省交通建设质量安全监督管理局,以及汉江雅口航运(电)枢纽工程、湖南湘江土谷塘航运(电)枢纽工程项目参建单位的大力支持和帮助,在此一并表示感谢。

因初次编制,请各单位在执行过程中,将发现的问题和意见及时函告江西省交通建设工程质量监督管理局(地址:南昌市抚河北路249号,邮编:330008),以便修订时参考。

本书各章节主要编写人员如下:

1.基本规定:张利萍、刘昌宇

2.通用工程:刘昌宇、雷卫佳、张际华

3.围堰:刘昌宇、胥继全、张小华

4.泄水闸:张际华、苏明、曹凯峰

5.电站:刘昌宇、黄小斌、张锁福

6.金属结构安装:张际华、符平

统稿与总纂:徐远明、于文金、郭生根

总校:吴利科、张小华、杨兵

目　录

1 基本规定

1.0.1 为指导航运(电)枢纽工程施工规范化、精细化、标准化管理,提高工程质量管理水平,减少质量通病,促进安全、文明施工,鼓励新技术、新材料、新设备和新工艺的推广和应用,倡导绿色施工和装配化施工,指导航运(电)枢纽工程施工标准化建设,制定本指南。

1.0.2 本指南在符合国家现行有关标准规范的前提下,主要总结成熟且具有推广价值的工艺工法,作为持续改进施工质量、促进施工作业安全、提高施工管理效率、改善施工文明和生态环境的航运(电)枢纽工程指导性管理手册。

1.0.3 本指南适用以航运为主,兼顾发电的航运(电)枢纽工程中电站、围堰、泄水闸、船闸(分水墙)工程的施工管理。船闸其他章节见《水运工程施工标准化建设指南　施工工艺篇(船闸工程)》分册。

1.0.4 本指南与《水运工程施工标准化建设指南》管理行为篇、现场布设篇配套使用。

1.0.5 航运(电)枢纽工程施工工艺的选择应遵循工艺适用、风险可控、施工高效、保护生态环境和推广新工艺的原则。

(1)施工应依据工程规模、施工条件、工程目标,对比工艺的优缺点,选择适用的、成熟的先进工艺。

(2)施工应分析比选工艺安全风险因素,选择工艺技术可靠、风险较低的施工工艺。

(3)施工应推行施工装备专业化、智能化,倡导模块化、装配化施工,应以施工工艺的技术先进性与施工效率相统一为原则。

(4)施工应以不损害和少影响环境为优先原则,考虑防尘、弃方合理利用,积极应用生态防护技术,鼓励采用节能设备,以达到保护生态环境的要求。

(5)施工应鼓励开展科技攻关和技改创新,采用新技术、新材料、新设备和新工艺,提升工艺、装备的可靠性和先进性。

2 通用工程

2.1 混凝土工程

2.1.1 工艺简述

2.1.1.1 根据航运(电)枢纽工程混凝土结构具有多样性的特点,模板主要采用钢模板,局部采用木模板;大体积混凝土结构居多,入仓方式主要采用混凝土吊罐、布料机施工;泵送混凝土也是常用工艺。

2.1.1.2 模板种类对比见表2.1.1-1。

表2.1.1-1　模板种类对比

工艺名称	特点	适用条件
钢模板	1.结构强度高,模板整体性好,组合刚度大,安装精度高,周转次数多; 2.模板重量大,移动安装需起重机械吊运; 3.一次性成本高	适用于各种混凝土结构
木模板	1.加工简单,速度快; 2.易变形、损坏,周转次数少; 3.轻便,易于拆除	适用于各种小型结构、异型、特殊部位的混凝土施工

2.1.1.3 混凝土入仓工艺对比见表2.1.1-2。

表2.1.1-2　混凝土入仓施工工艺对比

工艺名称	特点	适用条件
混凝土吊罐浇筑	1.浇筑速度较慢; 2.适用范围广,下料均匀,不易离析;低坍落度混凝土对防裂有益	适用于大体积低坍落度常态混凝土施工
布料机浇筑	1.由自卸车、转料斗、上料皮带机、履带式或轮胎式布料机组合入仓,浇筑速度快; 2.浇筑受布料机设备布置影响; 3.入仓高度有限	适用于仓位低、面积大、大体积的低坍落度混凝土施工
泵送混凝土浇筑	1.混凝土搅拌车、混凝土输送泵、泵管组合入仓,布置灵活、工效高、浇筑速度快; 2.水泥用量大,水化热高	适用于大坍落度、流动性好的混凝土施工

2.1.1.4 本指南主要介绍“钢模板+混凝土吊罐浇筑”施工工艺。

2.1.2 工艺准备要点

2.1.2.1 模板安装前应满足以下要求:

(1)模板设计已经过验算和复核,强度、稳定性和数量满足要求,模板进场检验合格。

(2)放置模板的基础支撑面已清理、找平;模板支撑体系验收合格。

(3)模板安装控制线复核完毕。

2.1.2.2 混凝土浇筑前应满足以下要求:

(1)仓面无积水。

(2)仓位钢筋、模板、止水支撑体系、埋件检测合格。

(3)混凝土原材料经检验合格,配合比符合设计和施工要求。

(4)大体积混凝土施工方案经过专家论证。

2.1.3 工艺实施流程

2.1.3.1 钢筋施工工艺流程见图2.1.3-1。

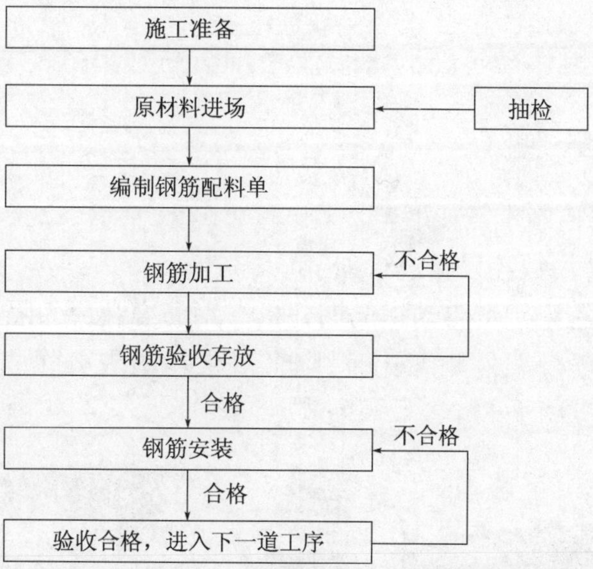

图2.1.3-1 钢筋施工工艺流程

2.1.3.2 模板施工工艺流程见图2.1.3-2。

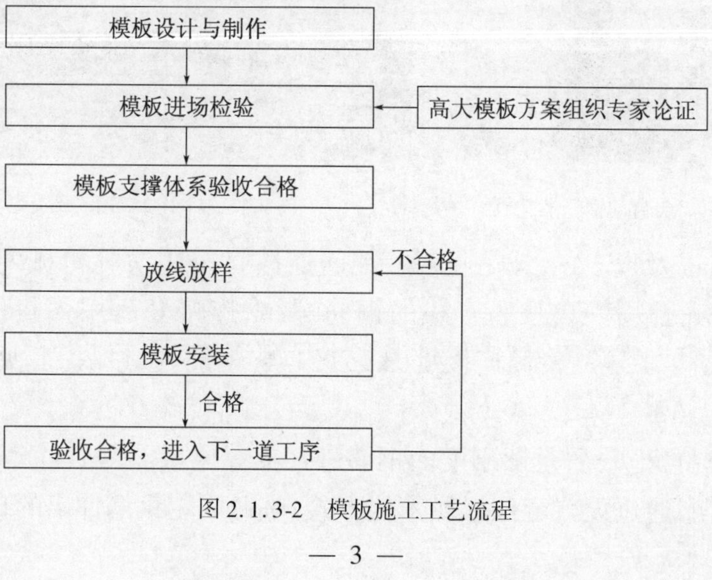

图2.1.3-2 模板施工工艺流程

2.1.3.3　普通钢筋混凝土施工工艺流程见图 2.1.3-3。

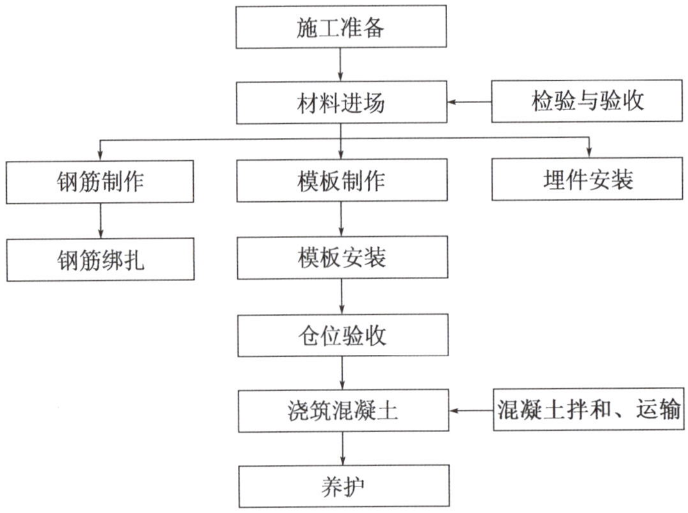

图 2.1.3-3　普通钢筋混凝土施工工艺流程

2.1.4　工艺控制重点

2.1.4.1　钢筋主要控制重点如下：

(1)钢筋制作宜采用数控设备进行加工。

(2)钢筋绑扎时，宜采用全自动钢筋捆扎机。钢筋绑扎应为隔档双扎丝绑扎，宜朝钢筋骨架内侧绑扎。钢筋骨架外侧绑扎时，应将多余扎丝头剪除。全自动钢筋捆扎机见图 2.1.4-1，钢筋绑扎见图 2.1.4-2。

图 2.1.4-1　全自动钢筋捆扎机

图 2.1.4-2　钢筋绑扎

(3)直径 25mm 及以上的(非预应力)钢筋连接宜采用滚扎机械连接。钢筋螺纹加工后，应采用通规、止规检查，检验合格的钢筋螺纹、连接套筒用塑料保护套加以保护。钢筋端头打磨见图 2.1.4-3，套筒连接见图 2.1.4-4，钢筋丝口保护套见图 2.1.4-5，套筒保护帽见图 2.1.4-6。

(4)通过制作样架、设置足够刚度的钢筋骨架支撑体系，辅助钢筋安装。斜向钢筋需加密布设支撑钢筋，通过设置定位板或其他方式，临时固定钢筋伸出的自由端。预埋锚筋支撑见图2.1.4-7,底板钢筋样架支撑见图2.1.4-8,墙体钢筋样架支撑见图2.1.4-9,柱钢筋样架支撑见图2.1.4-10。

图2.1.4-3 端头打磨

图2.1.4-4 套筒连接

图2.1.4-5 钢筋丝口保护套

图2.1.4-6 套筒保护帽

图2.1.4-7 预埋锚筋支撑

图2.1.4-8 底板钢筋样架支撑

(5)底板钢筋宜采用梅花形或圆台形垫块,钢筋骨架保护层垫块采用高强混凝土垫块,强度宜高于主体结构混凝土强度一个等级,墙体钢筋宜采用圆饼形(环形)垫块;垫块布设的数量应不少于4个/m²,垫块强度不得低于结构混凝土强度;垫块应采用模具压制成型,不得采用普通砂浆垫块或塑料垫块。

图 2.1.4-9　墙体钢筋样架支撑

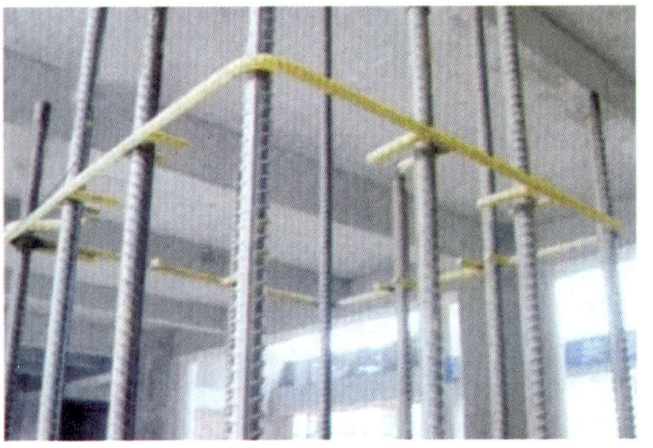

图 2.1.4-10　柱钢筋样架支撑

(6)暴露时间较长的预埋钢筋在施工完成后,应对预埋钢筋进行阻锈保护处理。

(7)止水安装与钢筋交叉处如需切割部分钢筋,应在止水安装完成后,采用"过桥法"对切断钢筋进行连接。"过桥法"见图 2.1.4-11。

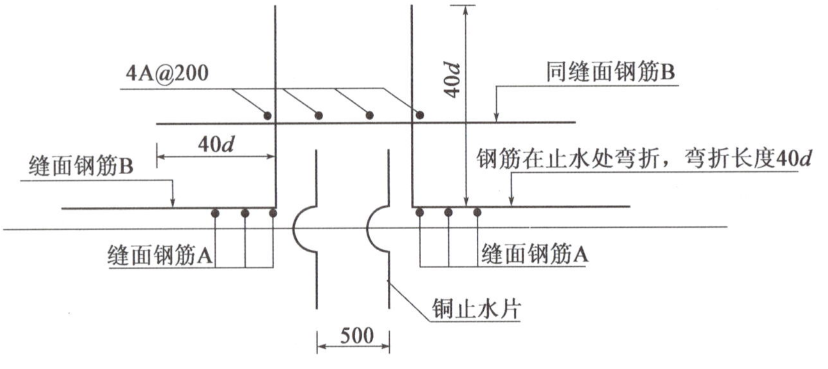

图 2.1.4-11　墙体钢筋样架支撑示意图(尺寸单位:mm)

(8)宜采用钢筋骨架整体吊装。

2.1.4.2　模板主要控制重点如下:

(1)钢模板外露面单块模板面积不小于 $1m^2$。周转次数较多的模板面板厚度不小于 6mm。对于采用旧钢模板改制的,应采取措施控制拼缝质量。用于小型构件预制的模板,平均 $1m^2$ 单位面积内允许拼缝长度不超过 2.0m。用于胸墙、闸墩等大体积构件的模板,平均 $1m^2$ 单位面积内允许拼缝长度不超过 1.0m。

(2)模板与模板间、模板与埋件间接缝处宜采用贴双面胶带、刮灰等方法进行止浆处理。模板接缝处粘贴胶带见图 2.1.4-12。

(3)永久外露面(含过流面)采用定位锥或圆台螺母,使用圆台螺母时应事先标出丝扣旋入的深度,并且接安螺栓应贴紧模板;模板与拉条螺栓交接处应设置圆台螺母,模板外侧面宜采用发泡剂对拉条螺栓孔进行封堵。预埋圆台螺母支撑见图 2.1.4-13。

(4)分层施工时,应逐层矫正下层偏差,即当下层已存在偏差的情况下,上层模板支模时要与下层相衔接,在上层模板顶部将偏差的一部分或者全部矫正过来,而不是在上层模板的下口矫正模板偏差,以免出现错台。

(5)模板与构筑物间宜采用橡胶条进行止浆。

图 2.1.4-12　模板接缝处粘贴胶带

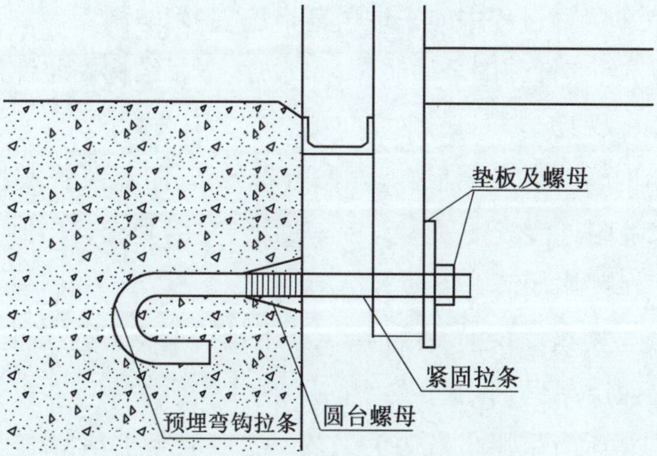

图 2.1.4-13　预埋圆台螺母支撑示意图

(6)止水穿过模板时,在模板上增加止水定型围囹抵住铜止水 U 形槽,保护铜止水片。止水加固措施见图 2.1.4-14。

图 2.1.4-14　止水加固措施

(7)模板拼装应紧密牢固,并应采取措施控制拼装尺寸偏差。

①内外模板顶部应采用对拉螺杆连接和定尺钢支撑限位。

②宽度小于3m的墩、墙、柱模板宜采用ϕ48mm钢管或槽钢等作为仓外支撑。

③模板刚度不足时,可在模板中部设置对拉螺杆加固。拉杆应外套PVC管,管与模板连接处应设置环形橡胶垫圈。

(8)模板脱模剂宜采用乳液类水溶性脱模剂,不得使用皂类或废机油类脱模剂。

(9)大模板存放时应采取相应的支垫和支撑措施,有斜支撑的大模板应面对面堆放,自稳角为75°~80°。无斜支撑的大模板应在现场搭设稳固的存放架或卧倒平放,不得依靠其他模板或构件。

2.1.4.3　混凝土施工主要控制重点如下:

(1)混凝土配合比应经过专项设计,并由工地试验室、监理部试验室分别进行试验验证。

(2)使用自卸汽车运输过程中应采取覆盖措施,遮阳防雨。

(3)混凝土浇筑前,核查和记录灌浆管、止水片、金属结构安装埋件、监测仪器等安装位置并设置木盒加以保护。

(4)混凝土浇筑时,对钢筋、模板、埋件覆盖彩条布,防止泵管或吊罐移动滴漏污染,钢筋密集区域、止水片附近混凝土采用人工辅助平仓,混凝土自由倾落高度超过2m时,应采用串筒、斜槽、溜管、振动溜管下落等措施。

(5)大面积混凝土浇筑面层前,在面层钢筋上铺设与保护层厚度相同的型钢作为混凝土刮平导轨,控制面层高程、平整度与钢筋保护层厚度。

(6)施工缝表面凿毛宜采用机械凿毛工艺。二期混凝土预留槽宜采用收口网(免拆除模板)。混凝土预留槽收口网见图2.1.4-15,免拆除模板刨毛机凿毛见图2.1.4-16。

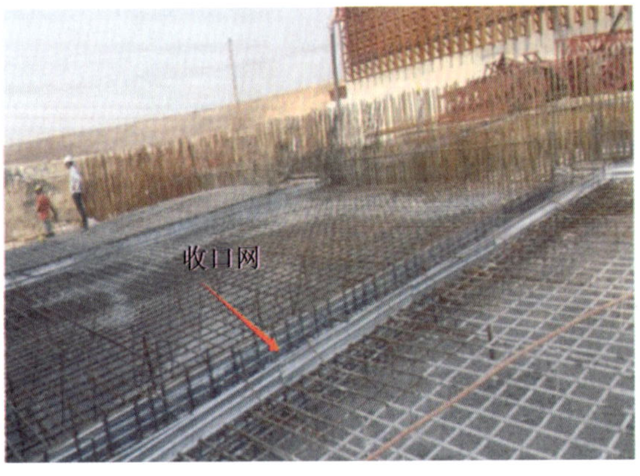

图2.1.4-15　混凝土预留槽收口网(免拆除模板)

图2.1.4-16　刨毛机凿毛

(7)在高温季节应对混凝土结构体表面进行洒水养护与覆盖养护,曲面与垂直面挂设“花管”喷淋养护,宜采用智能喷淋系统自动养护,控制内外温差不大于25℃。曲面挂设花管养护见图2.1.4-17,喷淋养护见图2.1.4-18。在低温季节应对混凝土结构体表面进行覆盖保温养护,见图2.1.4-19。

图 2.1.4-17　曲面挂设花管养护

图 2.1.4-18　喷淋养护

图 2.1.4-19　低温季节覆盖养护

2.1.4.4　大体积混凝土温度控制重点如下：

(1)混凝土强约束区宜采用中低水化热水泥，胶凝材料宜放置冷却后使用，禁止使用新出厂的新鲜水泥。

(2)优化混凝土中集料的级配设计，应选用中粗砂，采用较小的砂率，降低混凝土的收缩。

(3)应用制冷系统对拌和用水、骨料进行预冷却。

(4)调节施工时段，尽量避免在高温时段浇筑混凝土。

(5)混凝土仓位采取喷雾机喷雾等措施降低浇筑面的环境温度。

(6)应严格控制混凝土施工时间，加快运输和浇筑速度，减少混凝土在运输和浇筑过程中的温度回升。

(7)大体积混凝土内部宜埋设测温计与冷却管，冬季采取保温措施，控制内外温差不大于 25℃。

①采用水管冷却等效热传导方程，通过计算并结合实际选取冷却水管(内部埋设支管)参数，为提高热交换效率，冷却水管宜采用 $\phi40 \times 2.5$mm、具有一定强度和导热性能好的铁皮管制作，弯管部分采用冷弯工艺。冷却水管之间通过橡胶管紧密连接。

②冷却水管布置原则为：在保证混凝土强度条件下，多层小间距布管，水平、竖直间

距控制不少于0.8~1.0m,水管到混凝土表面或侧面的距离不小于0.8m。冷却水管埋设示意图见图2.1.4-20。

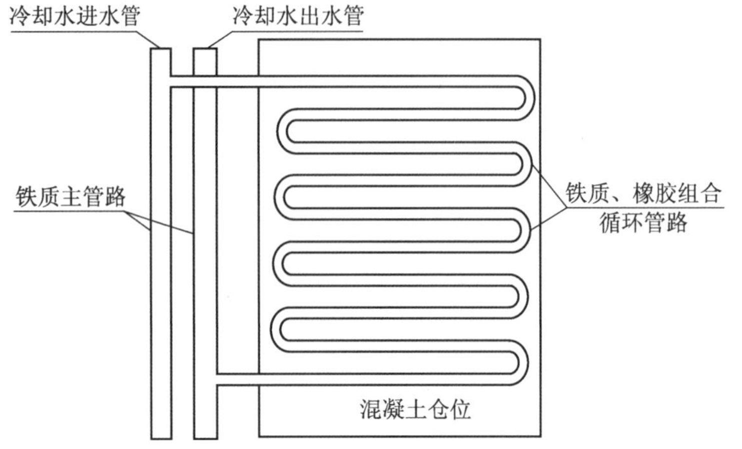

图2.1.4-20　冷却水管埋设示意图

③冷却水管停止循环水冷却并养护完成后,先用空压机将水管内残余水压出并吹干,然后用压浆机向水管内压注高于混凝土强度的水泥浆,以封闭管路。

2.2 基坑开挖

2.2.1 工艺简述

土石方开挖主要分为机械开挖与爆破开挖,开挖工艺对比见表2.2.1。

表2.2.1　开挖工艺对比

工艺名称	特点	适用条件
机械开挖	1.岩层开挖速度较慢; 2.施工安全风险小; 3.利于对基岩建基面的保护	适用于土方、软弱岩层开挖
爆破开挖	1.施工效率快; 2.安全风险性较大,影响周边区域	适用于大型石方开挖与混凝土结构拆除

2.2.2 工艺准备要点

2.2.2.1　深基坑开挖专项施工方案通过专家论证。

2.2.2.2　基坑道路形成。

2.2.2.3　基坑排水系统已完善,施工现场基坑初期排水已完成,基坑内地下水位已降至开挖层面以下50cm。

2.2.2.4　开挖警戒线与边坡沉降位移观测点设置完成,并已完成初始数据采集。

2.2.2.5　石方爆破开挖已编制专项施工方案并经专家论证。爆破器材用品的使用与保管等措施已审批并具备实施条件,施工前爆破作业手续已审批。

2.2.2.6 应急抢险设备和应急物资到位。

2.2.3 工艺实施流程

2.2.3.1 机械开挖施工工艺流程见图 2.2.3-1。

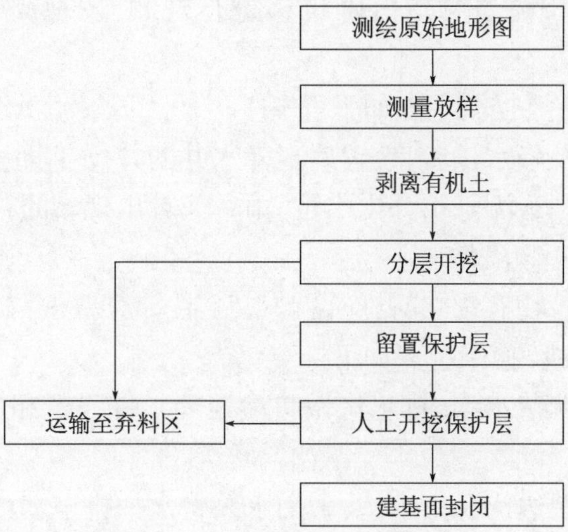

图 2.2.3-1 机械开挖施工工艺流程

2.2.3.2 爆破开挖施工工艺流程见图 2.2.3-2。

图 2.2.3-2 爆破开挖施工工艺流程

2.2.4 工艺控制重点

2.2.4.1 测量主要控制重点如下：

(1)根据设计提供测量基点，建立施工控制网。

(2)通过测量放样，采用木桩设置开挖开口线、高程、坡度等标记。

(3)应对基坑和周围建筑物的沉降位移进行观测，发现问题及时分析原因，迅速处理。

2.2.4.2 人工降水主要控制重点如下：

(1)根据地质条件及降水试验，设置确定降水井的井位、间距及数量。

(2)降水期间应定期观测降水井内水位，雨季或者出现新的补给源时，应及时采取增加井数、改变抽水设备性能等措施。

(3)对周边邻近建筑物有影响时，应设置观测井，定期观测与回灌。

2.2.4.3 基坑排水主要控制重点如下：

(1)在基坑顶面设置截水沟(排水沟做防渗处理)，并设置相应集水坑将水排出施工区域。

(2)在基坑底面设置边沟及集水坑，采用水泵将水抽排至基坑顶面排水沟，根据基坑水量、水泵扬程、降水速度选择水泵和管道的规格型号、数量。

2.2.4.4 土方开挖主要控制重点如下：

(1)基坑开挖前，在顶面设置排(截)水沟，防止明水流入基坑。

(2)土基基础应逐层开挖基坑，做好临时边坡防护(主要采用喷射混凝土护坡)，合理调配土方。

(3)基坑开挖完成后，设置排水边沟，防止明水浸泡基坑。

(4)开挖至基底底部时，应预留保护层土方，由机械配合人工挖除(图2.2.4-1)。

图2.2.4-1　基坑土方开挖

2.2.4.5 石方开挖主要控制重点如下：

(1)石方采用分层开挖，分层修坡，边坡宜采用预裂爆破或光面爆破。建基面以上预留3m保护层，保护层宜采用柔性垫层一次开挖，不平整的地方采用机械或人工凿除。

(2)开挖作业面施工台阶略向外倾斜，避免作业面积水。

(3)硬质岩基坑轮廓线、建基面、坡面宜采用控制爆破开挖。

(4)硬质岩起爆后,排除哑炮、对松散边坡进行清理。

(5)大规模爆破施工前,根据爆破试验调整确定设计参数,宜采用松动爆破起爆网路,对下部基岩进行保护。

(6)装药前应对孔位与孔斜进行复核。

(7)爆破石方采用机械开挖。易风化、软岩预留基坑保护层,待基础混凝土浇筑前集中挖除,并且尽快覆盖基础混凝土,或采取砂浆进行封闭(图2.2.4-2)。

图2.2.4-2 基坑石方开挖

2.3 边坡防护

2.3.1 工艺简述

2.3.1.1 航运(电)枢纽工程临时边坡防护主要分为模袋混凝土护坡、喷射混凝土护坡、锚杆护坡、锚索护坡、挡土墙防护、植被护坡铺石护面和空心植草砖边坡防护等。

2.3.1.2 本指南主要介绍"模袋混凝土护坡"施工工艺。

2.3.2 工艺准备要点

2.3.2.1 混凝土原材料经检验合格,配合比符合设计和施工要求。

2.3.2.2 模袋加工完成,经现场检验合格。

2.3.2.3 边坡清理验收、截(排)水沟施工完毕。

2.3.3 工艺实施流程

模袋混凝土护坡施工工艺流程见图2.3.3。

2.3.4 工艺控制重点

2.3.4.1 扇形边坡防护区域模袋加工制作时,要精确计算其母线长及弧长,并预留余量。

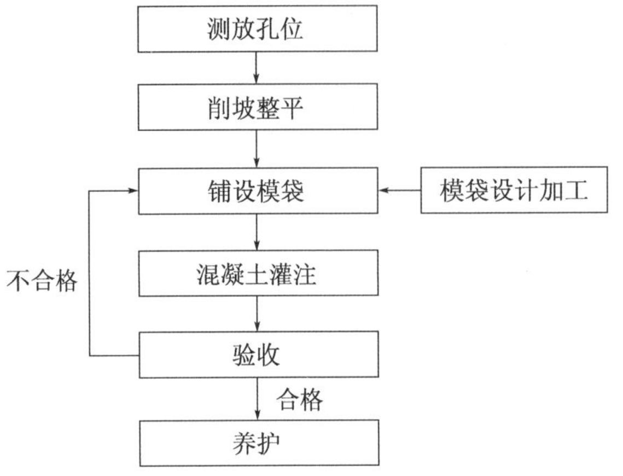

图 2.3.3　模袋混凝土护坡施工工艺流程

2.3.4.2　在预铺模袋顶端沿堤坝轴线方向设立固定木桩，沿岸线施工方向铺设土工模袋单元，过渡段采用异型单元进行铺设，施工程序方向与单元搭接同向，展开时灌口朝上。模袋铺设见图 2.3.4-1。

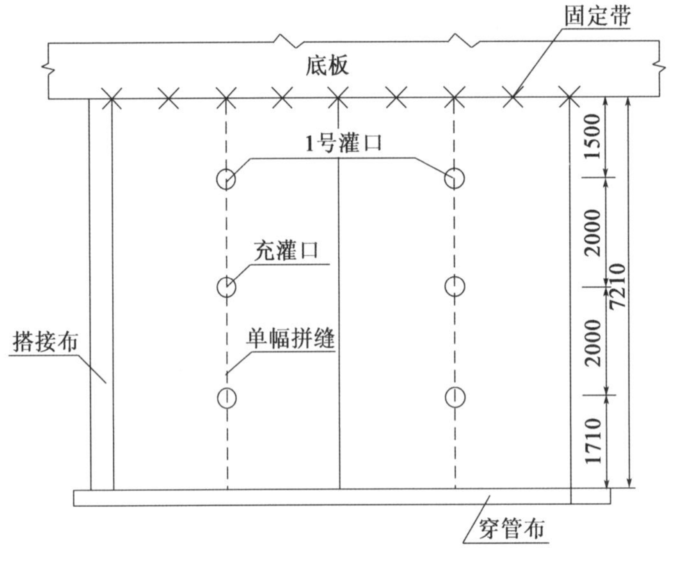

图 2.3.4-1　模袋铺设示意图(尺寸单位：mm)

2.3.4.3　模袋底侧使用钢筋固定后与绑带绑扎在一起，预留余额 5cm 的模袋作为收缩余量；相邻模袋搭接时使用搭接布搭接，并预留 5cm 左右的模袋作为收缩余量。

2.3.4.4　模袋充填前，应确保所有模袋呈湿润状态，充填顺序应由下而上，依次连续进行，充填间隔时间不宜超过 30min，充填速度宜为 10 ~ 15m^3/h，充填压力宜为 0.2 ~ 0.3MPa。

2.3.4.5　相邻块体之间现场缝接时，将上层针脚调密，确保整体性和外观良好。

2.3.4.6　灌注接近饱满时，应暂停 5 ~ 10min，待模袋中的水分析出后，再灌注至饱满。

2.3.4.7　模袋混凝土处于水位变动区，淹没时间长，在模袋露出水面后应进行浇水养护，养护时间不小于 14d。模袋施工效果图见图 2.3.4-2。

图 2.3.4-2 模袋混凝土施工效果图

2.4 大坝防渗处理

2.4.1 工艺简述

2.4.1.1 大坝防渗施工工艺有帷幕灌浆、高喷防渗墙、混凝土防渗墙等。

2.4.1.2 本指南主要介绍“帷幕灌浆”“塑性混凝土防渗墙”施工工艺。

2.4.2 工艺准备要点

2.4.2.1 帷幕灌浆工艺准备要点如下：

(1)通过试验段施工确定各项施工参数。

(2)固结灌浆已经完成。

(3)灌浆设备、材料等施工布置完成。

2.4.2.2 塑性混凝土防渗墙工艺准备要点如下：

(1)防渗墙施工部位作业面移交。

(2)塑性混凝土防渗墙开挖、泥浆固壁、混凝土浇筑等施工机械、材料、施工道路布置完成。

(3)塑性混凝土配合比符合设计和施工要求。

2.4.3 工艺实施流程

2.4.3.1 帷幕灌浆施工工艺流程见图 2.4.3-1。

2.4.3.2 塑性混凝土防渗墙施工工艺流程见图 2.4.3-2。

2.4.4 工艺控制重点

2.4.4.1 帷幕灌浆施工主要控制重点如下：

(1)帷幕灌浆先导孔应自上而下分段进行压水试验。

(2)压水检查孔采用岩心钻机钻孔取心，并按要求装箱、编录。

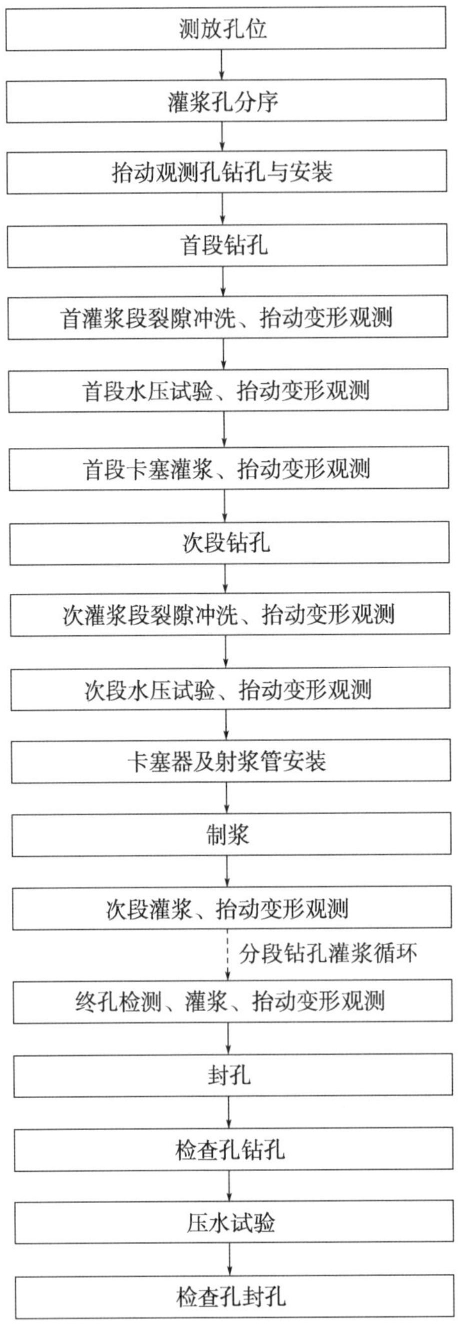

图 2.4.3-1　帷幕灌浆施工工艺流程

(3)帷幕灌浆宜采用自上而下分段法或孔口封闭灌浆法。

(4)混凝土和基岩接触部位的灌浆段应先行单独灌注并待凝。接触段在岩石中的长度不得大于2m,以下灌浆段长度可采用5～6m,特殊情况下可适当缩短或加长,但不宜大于8m。

(5)一个坝段内同时进行压水或灌浆的孔数不应多于2个。

(6)帷幕灌浆过程中发生串浆时,如串浆孔具备灌浆条件,采用一泵灌一孔,同时进行灌浆。

2.4.4.2　塑性混凝土防渗墙施工主要控制重点如下:

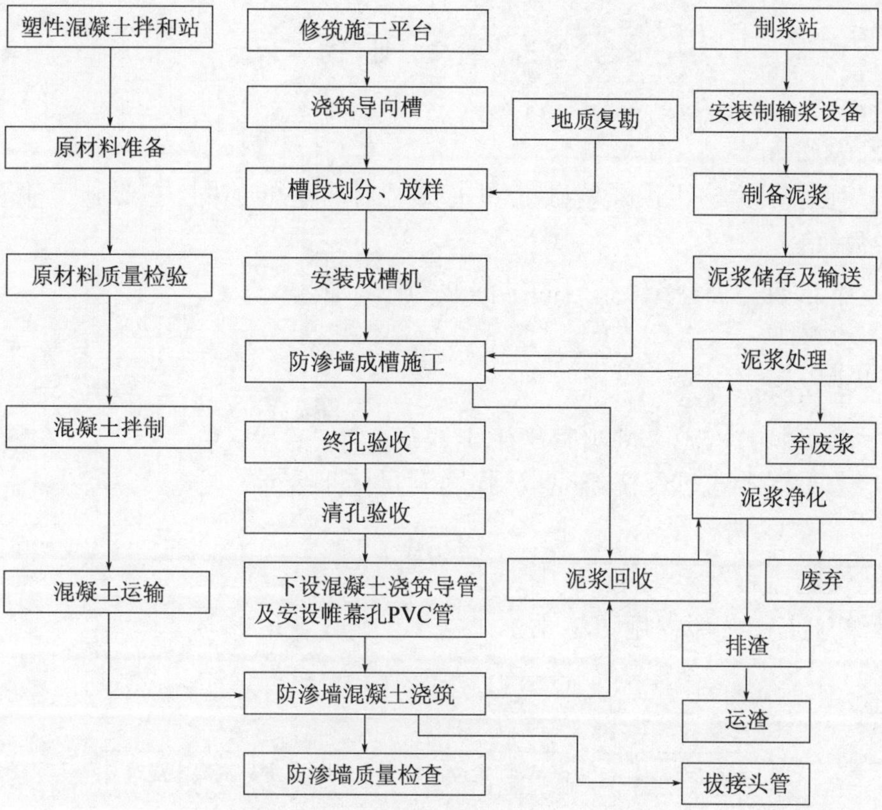

图 2.4.3-2 塑性混凝土防渗墙施工工艺流程

(1)导向墙基础碾压密实是控制防渗墙质量的关键项目,首先采用施工机械碾压密实,用反铲开挖导向槽,立模绑扎钢筋,浇筑导向槽。

(2)防渗墙应从最深处槽段开始施工,按两序跳槽法向两侧方向施工,每个槽段岩石面以上采用液压抓斗机成槽,岩石面以下采用冲击钻成槽。

(3)成槽施工时宜采用高性能泥浆或膨润土固壁,及时补充泥浆以保持孔口稳定。

(4)成槽后按设计尺寸加工槽孔检测器,对成槽宽度进行检测验收。

(5)应根据槽段深度,预埋灌浆管的下设采用双管或三管埋设的方法,尽量消除因管体自身的垂直度及混凝土浇筑时冲击力作用对管体定位的影响。

(6)应根据槽段长调整钢筋保持架的长度,确保相邻的灌浆管间距,并随时注意调整一期槽孔与二期槽孔端头部位相邻两灌浆管的间距为2.0m。

(7)槽段接缝应进行刷壁处理,宜采用钢丝刷钻头反复进行刷洗形成毛面。

(8)密切关注成槽过程中的土质变化,土质较为疏松时应控制挖槽速度,采取“反复式”回填堵漏材料、重凿挤密等方法来事先预防塌孔。

(9)在防渗墙造孔成槽过程中,遇到孤石、大块混凝土及砖块、木头等障碍物,采用正常成槽手段难以快速成槽时,在保证孔壁安全的前提下,可用重锤法、爆破法或其他方法进行处理。

(10)如造孔成槽过程中出现塌孔、大坝裂缝现象,应及时处理,对固壁泥浆配比及造孔方法进行调整,确保孔壁稳定,对施工过程中产生的裂缝,应采取加固措施进行处理。

2.5 基础处理

2.5.1 工艺简述

2.5.1.1 航运(电)枢纽工程基础处理主要是对岩基的加固,主要施工工艺有固结灌浆、混凝土锚杆等。

2.5.1.2 本指南主要介绍“基岩固结灌浆”施工工艺。

2.5.2 工艺准备要点

2.5.2.1 通过试验段施工确定各项施工参数。

2.5.2.2 盖重混凝土已经浇筑完成,强度满足施工要求。

2.5.3 工艺实施流程

固结灌浆施工工艺流程见图2.5.3。

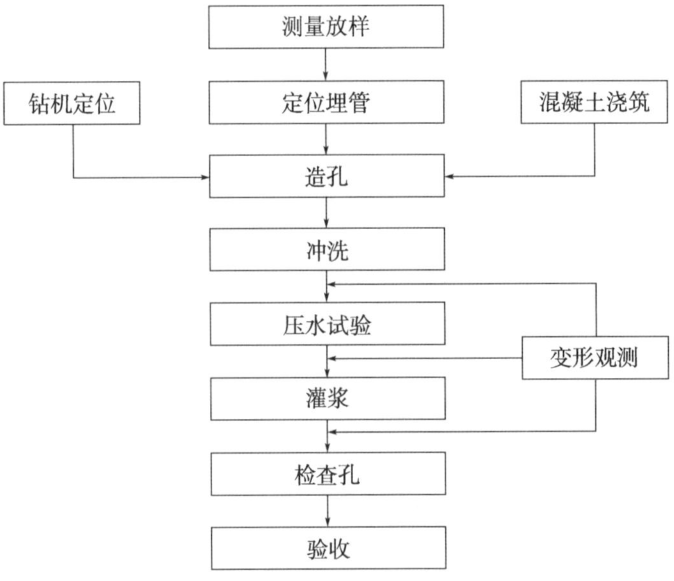

图2.5.3　固结灌浆施工工艺流程

2.5.4 工艺控制重点

2.5.4.1 应采用预埋管布置灌浆孔,减少对钢筋的破坏。

2.5.4.2 固结灌浆压力应通过灌浆试验确定。在不抬动基础岩体和盖重混凝土的原则下,固结灌浆压力宜尽量提高;有混凝土盖重时,灌浆压力可控制在0.4~0.7MPa。但在地质条件差或遇软弱岩石地区,则应适当降低灌浆压力。

2.5.4.3 灌浆结束封孔前,应用压力水或压缩空气将孔内积水和污物吹洗干净。封孔采用“导管注浆封孔法”或“全孔灌浆封孔法”。

2.5.4.4 基岩表面冒浆严重而影响灌浆质量时,该部位可采用混凝土盖板灌浆法。

2.5.4.5 灌浆施工以一台灌浆机灌一个孔为宜。必要时,可以考虑将两个吸浆量小的灌浆孔并联灌浆,严禁串联灌浆。

2.5.4.6 钻孔深度大于6m时,宜采用分段灌浆。

2.5.4.7 施工区域内特征位置应设置抬动观测点,控制灌浆压力,避免因灌浆压力过大而引起的抬动值超标。

2.5.4.8 在进行灌浆施工地段的30m范围内,尽量不进行爆破工作。若必须爆破,应控制爆破质点振动速度小于或等于3cm/s。

3 围　　堰

3.1 围堰填筑

3.1.1 工艺简述

3.1.1.1 航运(电)枢纽工程为满足通航(不停航施工)要求,采用分期导流的方式,导流建筑物施工时段分为枯水期与汛期施工。围堰为大型临时工程,主要采用土石围堰与混凝土围堰。

3.1.1.2 本指南主要介绍"土石围堰"施工工艺。

3.1.2 工艺准备要点

3.1.2.1 搜集整理分析河流的水文特性和工程所在地点的气象、地形、地质、水情、雨情等基本资料,对河床底部进行勘测,进行河床基础面清理,选择适当的时机开始围堰进占。

3.1.2.2 施工导流方案已通过专家论证。

3.1.2.3 通过防渗墙试验段、填料试验及填筑工艺试验并确定相关施工参数。

3.1.3 工艺实施流程

航运(电)枢纽工程围堰宜采用土石结构围堰或混凝土围堰,河床透水性覆盖层及以下防渗体采用高喷防渗墙或塑形混凝土防渗墙,覆盖层以上防渗体采用黏土心墙。土石围堰施工工艺流程见图3.1.3。

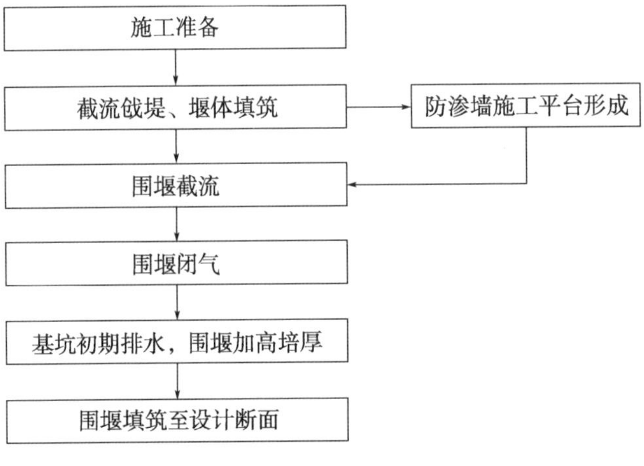

图3.1.3　土石围堰施工工艺流程

3.1.4 工艺控制重点

3.1.4.1 土石戗堤从岸坡降坡至枯水围堰高程时，应利用岸坡开挖降坡填筑至堰顶高程，以便充分调配土石料，同时便于岸坡连接段的防渗墙施工。戗堤填筑分上下游两个工作面。

3.1.4.2 戗堤进占时，应在围堰戗堤上游侧填筑土石料，以减少石渣对防渗轴线的干扰。

3.1.4.3 龙口部位宜用大块石护底，预留龙口端头宜用块石防护，在流速和水位落差较大的情况下抛填预制混凝土四面体进行合拢，确保截流成功。横向围堰截流见图3.1.4-1；横向围堰截流见图3.1.4-2。

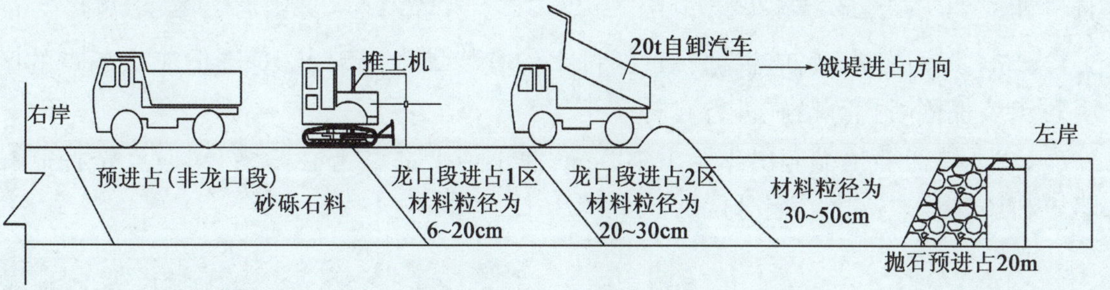

图3.1.4-1 横向围堰截流立面示意图

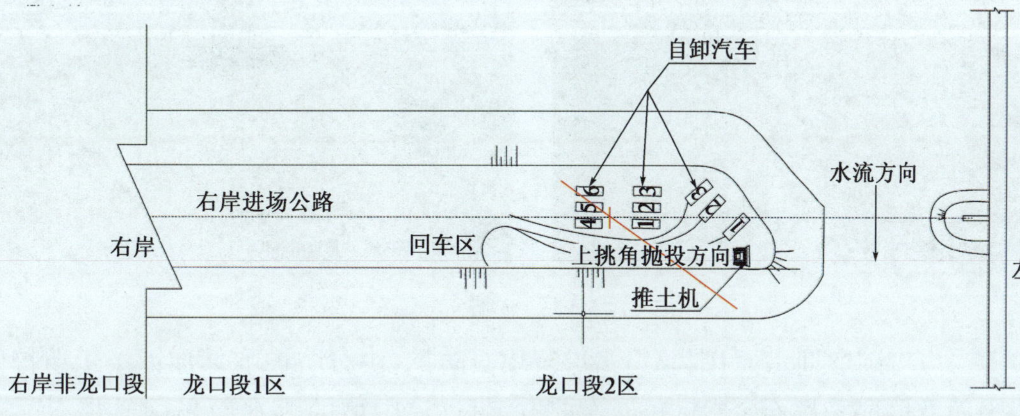

图3.1.4-2 横向围堰截流平面示意图

3.1.4.4 根据节流区段、各区段流速计算填筑料粒径，横向围堰的上下游截流戗堤错时段合拢，以改变河道水流。纵向围堰利用拐角处裹头分别进行纵向围堰的进占，直至合拢。

3.1.4.5 围堰防渗墙通常采用高压旋喷防渗墙或塑性混凝土防渗墙施工工艺。应提前对河床底部进行勘测，分析河床底部情况对防渗墙施工的影响。高压旋喷灌浆防渗墙施工见图3.1.4-3；塑性混凝土防渗墙施工见图3.1.4-4。

3.1.4.6 高压旋喷成墙施工应重点控制钻孔质量(孔斜、孔深)、灌浆压力、提速，对溢浆情况进行监测，塑性混凝土防渗墙施工应重点控制导墙施工、清孔质量、槽孔开挖、灌注质量。

图 3.1.4-3　高压旋喷灌浆防渗墙施工

图 3.1.4-4　塑性混凝土防渗墙施工

3.1.4.7　基坑排水后,应根据布置的排水沟查找集中渗漏点,对围堰有渗漏点的区段采用防渗墙加固喷孔等措施进行修补。

3.1.4.8　防渗墙顶端应出露至少100cm,便于与上部黏土心墙结合,应严格控制黏土心墙填料压实度。黏土心墙分层碾压见图3.1.4-5。

图 3.1.4-5　黏土心墙分层碾压

3.1.4.9　应对围堰迎水面、围堰裹头进行块石防护,块石防护下部加铺土工布护底防冲刷,背水面及堰顶采用石渣、土工布等护坡;对过流围堰的背水面采用模袋混凝土防护,运行期间对基坑排水系统采用混凝土硬化防护。

3.1.4.10　应通过观测堰体表面的变化对块石压脚进行检查。

3.1.4.11　初期排水时,基坑水位的下降速度必须控制在允许范围内,一般控制在0.7～1.0m/d。

3.1.4.12　潜水泵应固定在浮筒搭设的抽水平台上,随水位下降而自动降低。避免水泵在抽排水过程中频繁移动而影响抽排水效率。

3.1.4.13　抽水过程中应加强围堰边坡监测,排水完毕,视围堰背水面浸润线高度,采用块石棱体防护。

3.1.4.14　围堰施工及运行期间,应进行围堰变位观测、上下游水位和渗水量观测,并查看堰体表面其他变化。

3.1.4.15 制定度汛方案和防汛应急预案,储备应急抢险设备和物资。

3.2 围堰拆除

3.2.1 工艺简述

3.2.1.1 围堰拆除通常采取干地分层开挖拆除和运输,必要时采用船舶水下开挖清渣,土石方围堰拆除一般采用控制爆破法拆除与挖掘机挖除。围堰拆除工艺对比见表3.2.1。

表3.2.1 围堰拆除工艺对比

工艺名称	特 点	适用条件
机械开挖	施工安全风险小	适用于围堰水上结构拆除
爆破拆除	安全风险性较大,影响周边区域	适用于混凝土围堰拆除、防渗墙拆除

3.2.1.2 本指南主要介绍"爆破拆除法"施工工艺。

3.2.2 工艺准备要点

3.2.2.1 围堰内建筑物阶段验收已完成。

3.2.2.2 爆破器材用品的使用与保管等措施已审批并具备实施条件,施工前爆破作业手续已审批。

3.2.2.3 围堰拆除已编制专项方案并经专家论证。

3.2.2.4 应急抢险设备和应急物资已到位。

3.2.3 工艺实施流程

围堰拆除施工工艺流程见图3.2.3。

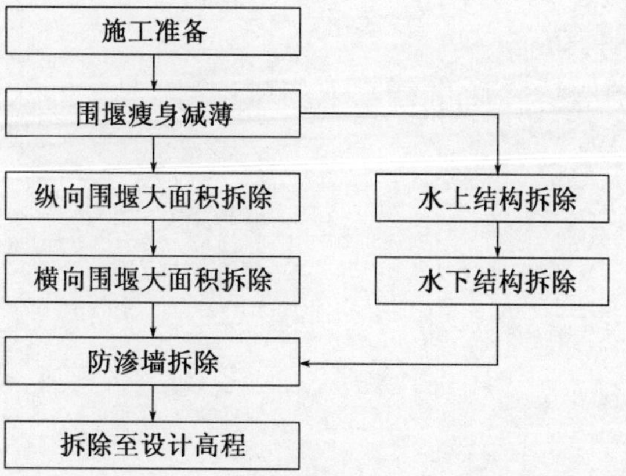

图3.2.3 围堰拆除施工工艺流程

3.2.4 工艺控制重点

3.2.4.1 水上围堰拆除主要控制重点如下:

(1)围堰水上部分拆除,按照分层要求逐层进行开挖,挖除的土石料运至弃渣场,由弃渣场推土机、装载机采取端进法分层推平、碾压、堆积。

(2)为最大限度地进行水上开挖,应根据水情预报,采取逐层拆除预留子堰方式进行,子堰随同下一层堰体一起拆除;拆除完成后再进行子堰拆除,从混凝土纵向围堰倒退拆除。

(3)在围堰防渗墙内侧拆除完成后应停止基坑抽水,拆除抽排水设备。基坑内不充水,进行预留子堰瘦身减薄拆除,直到渗水充满基坑无法拆除为止,再在预留子堰顶部采用倒退法拆除。无法拆除的部分采用船舶进行水下开挖拆除。

3.2.4.2　水下围堰拆除主要控制重点如下:

(1)先采用常规反铲与自卸车组合挖运至弃渣场,然后再用水下开挖船开挖反铲未挖部分,运输船舶载汽车将水下开挖料运至岸上弃渣场。

(2)上、下游横向围堰内防渗高喷墙拆除,是在两侧土石料拆除后,采用液压锤机械破碎拆除。液压锤无法拆除的宜采用水下爆破拆除,爆破后采用船舶挖运,反铲与自卸车组合运至弃渣场堆积。

3.2.4.3　混凝土纵向围堰拆除主要控制重点如下:

(1)混凝土纵向围堰采用控制爆破法一次性爆破拆除。

(2)在与闸墩结合处布置预裂孔和缓冲孔,预裂孔一次性爆破到位,缓冲孔采用不耦合间隔装药、微差起爆。

(3)采用爆被防护覆盖在爆破体上对飞石进行防护,防止爆破物飞散,并减弱或消除冲击波的危害。

3.2.4.4　围堰拆除主要控制重点如下:

(1)开挖过程中随时掌握水情预报,通过闸门调节,将库区水位维持在通航最低水位,最大限度地进行水上开挖。

(2)当预报上游水位不超过最低通航水位时,基坑不充水,进行防渗墙背水侧拆除,从混凝土纵向围堰倒退拆除。

(3)通航航道区域围堰拆除后进行水下扫床,确保围堰拆除至设计高程。

4 泄 水 闸

4.1 消 力 池

4.1.1 工艺简述

4.1.1.1 消力池底板属大体积混凝土结构体施工,采用低坍落度混凝土有利于混凝土防裂。按混凝土入仓方式,主要采用混凝土吊罐、布料机两种工艺。

4.1.1.2 混凝土入仓工艺对比见表4.1.1。

表4.1.1 混凝土入仓施工工艺对比

工艺名称	特点	适用条件
混凝土吊罐浇筑	1. 浇筑速度较慢; 2. 低坍落度,有利于防裂	适用于现场可布设垂直入仓设备
布料机浇筑	1. 浇筑速度较快; 2. 设备布置和移动受场地限制,布料不够灵活	适用于大仓面、大体积混凝土施工

4.1.1.3 本指南主要介绍“混凝土吊罐浇筑”施工工艺。

4.1.2 工艺准备要点

4.1.2.1 基坑排水系统已建立并正常运行,基坑无积水,地下水位已降至建基面以下0.5m。

4.1.2.2 建基面清理、地基换填处理和混凝土垫层覆盖通过联合验收。

4.1.2.3 埋件检查完毕。

4.1.3 工艺实施流程

消力池混凝土施工工艺流程见图4.1.3。

4.1.4 工艺控制重点

4.1.4.1 利用预埋锚筋设置底层及面层钢筋网支撑骨架。钢筋预埋骨架应进行受力验算,预埋锚筋支撑见图4.1.4。

4.1.4.2 利用定位架定位纵横向钢筋。

4.1.4.3 通过混凝土垫层浇筑时,预埋的锚筋固定模板底部、内侧和外侧均须设置拉杆,防止模板产生变形和位移。

4.1.4.4 模板拼缝应粘贴双面胶带,防止漏浆。

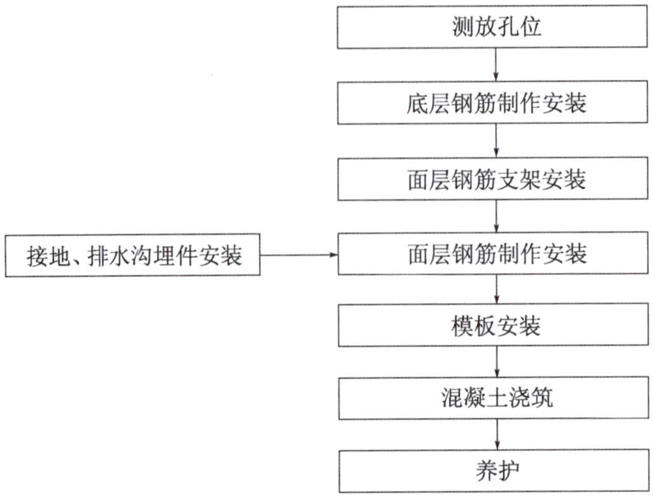

图 4.1.3　消力池混凝土施工工艺流程

图 4.1.4　预埋锚筋支撑

4.1.4.5　设置架立钢筋固定预埋排水管与消力墩预埋钢板等各种埋件。

4.1.4.6　采用钢筋导轨控制混凝土面层高程、平整度及保护层厚度。

4.1.4.7　混凝土浇筑完成后,应及时覆盖土工布保温保湿养护。

4.2　底　　板

4.2.1　工艺简述

4.2.1.1　泄水闸底板属大体积混凝土结构体施工,采用低坍落度混凝土有利于混凝土防裂。按混凝土入仓方式,主要采用混凝土吊罐、布料机两种工艺。

4.2.1.2　混凝土入仓工艺对比见上一节表 4.1.1。

4.2.1.3　本指南主要介绍“混凝土吊罐浇筑”施工工艺。

4.2.2　工艺准备要点

4.2.2.1　基坑排水系统已建立并正常运行,基坑无积水,地下水位已降至建基面以下

0.5m。

4.2.2.2 建基面清理、地基换填处理和混凝土垫层覆盖通过联合验收。

4.2.2.3 埋件检查完毕。

4.2.3 工艺实施流程

底板混凝土施工工艺流程见图4.2.3。

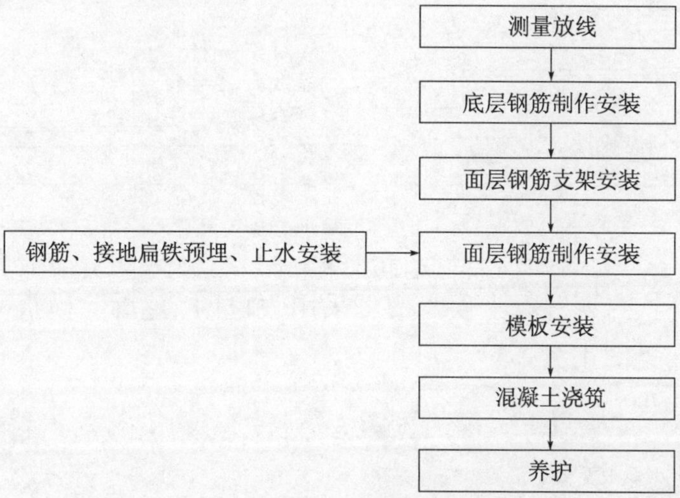

图4.2.3 底板混凝土施工工艺流程

4.2.4 工艺控制重点

4.2.4.1 利用预埋锚筋作为底层与面层钢筋支撑骨架，锚筋支撑应进行受力验算。

4.2.4.2 应采用定位架，准确定位主筋、分布筋。

4.2.4.3 应设置钢筋支撑骨架固定闸墩预埋钢筋。

4.2.4.4 模板采用内撑内拉的固定方式，拼缝处采用双面胶带粘贴，防止漏浆。

4.2.4.5 在浇筑前，应核查止水片、金属结构安装埋件、监测仪器等，并加以保护和留存检查记录。

4.2.4.6 应在模板上预留凹槽抵住铜止水U形槽，保护竖直铜止水片。采用定位件保证水平铜止水片的位置。

4.2.4.7 混凝土浇筑时，在浇筑仓面覆盖彩条布，减少混凝土的污染，钢筋密集区域、止水周边部位采用人工辅助浇筑。

4.2.4.8 溢流面坡面通过测量坡顶坡脚高程，设置高程控制线，坡面混凝土浇筑成台阶状（溢流面无顶模施工示意图见图4.2.4-1），在各分级台阶（图示中1）端部预先浇筑与溢流面（图示中2）混凝土同强度等级的防塌坎（图示中3），在溢流面上部通过钢筋支架（图示中5）设置钢筋样架网格（图示中4），控制溢流面坡度，并用抹面机进行混凝土收光（图4.2.4-2）。

（1）混凝土收面样架布置与钢筋网分开，样架单独支撑在老混凝土上；样架形体测控满足设计要求。

(2)样架间排距要求以适合抹面、方便快速拆除为宜,样架网格按1.5m×1.5m,正反弧形段加密为1m×1m左右,辅之以抹面标筋控制。

(3)在下游堰面斜边起点处老混凝土预浇筑一道梯形断面的混凝土防塌坎,防止在进行斜面进料、振捣及抹面施工时,混凝土向下游滑塌坠而造成堰体产生表面鼓包,导致堰体表面不平整。

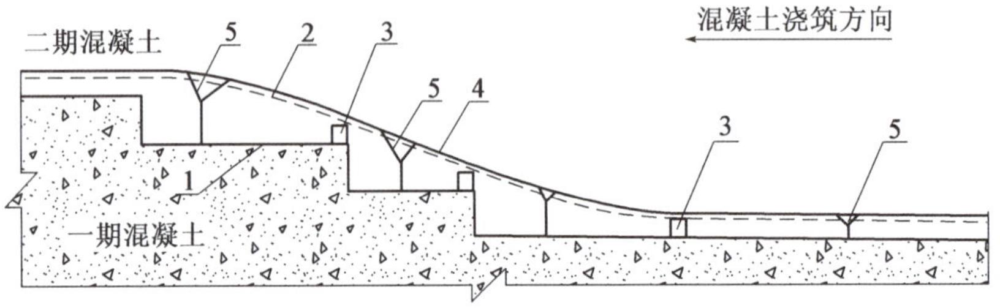

图4.2.4-1　溢流面无顶模施工示意图

1-下层台阶混凝土;2-溢流面层;3-防塌坎;4-钢筋样架网格;5-钢筋

4.2.4.9　底板底坎二期混凝土预留槽可采用收口网(免拆除模板),底坎预留槽采用收口网免拆除模板,见图4.2.4-3。

图4.2.4-2　混凝土抹面机进行收光

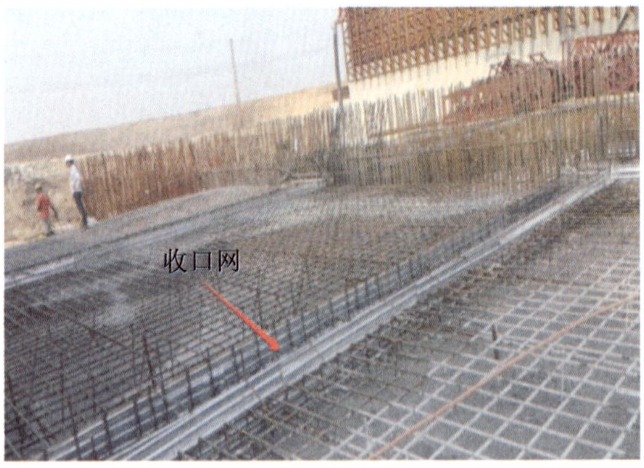

图4.2.4-3　底坎预留槽采用收口网(免拆除模板)

4.2.4.10　混凝土养护在高温季节采用土工布、养护毯覆盖养护,低温季节在表面进行覆盖保温养护。

4.2.4.11　底板混凝土防裂措施如下:

(1)闸室底板齿槽、弧形门槽底坎、溢流面等强约束区严格控制分层高度在1.5m,分层浇筑间隔期控制宜不大于7d;当层间浇筑间隔期过长时,宜铺设2cm厚缓凝砂浆层。

(2)闸室底板溢流面宜设置钢筋防裂网片,使应力均匀分布,提高溢流面混凝土结构表层的抗拉能力。

4.3　闸　　墩

4.3.1　工艺简述

4.3.1.1　泄水闸闸墩施工按模板形式,分为钢结构悬臂大模板和组装钢模板。

4.3.1.2 泄水闸闸墩模板工艺对比见表4.3.1-1。

表4.3.1-1 闸墩模板工艺对比

工艺名称	特点	适用条件
悬臂模板	模板刚度大,单块面积大,拼缝少,圆台螺母固定,不用对拉螺栓,安装便捷,施工效率高	适用于各种类型闸墩
组装钢模板	模板重量较轻,刚度小,由下层模板对接固定并支撑,拉杆分层加固施工成本较低	适用于各种类型闸墩

4.3.1.3 泄水闸闸墩混凝土浇筑工艺一般采用吊罐法和泵送法,混凝土入仓工艺对比见表4.3.1-2。

表4.3.1-2 混凝土入仓工艺对比

工艺名称	特点	适用条件
泵送浇筑	工效高、浇筑速度快,混凝土工作性能要求高,不利于混凝土防裂,施工成本较高	适用于大坍落度混凝土,不适于布置门塔机、施工周期短的项目
吊罐浇筑	有利于混凝土防裂,设备投入多,振捣等施工工艺要求高	道路场地应满足混凝土运输和浇筑条件,适用于低坍落度混凝土
一次成型浇筑	闸墩表面平整光洁、曲面圆弧与平面连接线条柔和顺畅、棱角顺直,无分层浇筑的挂帘、接缝错台等质量通病	适用于断面小,高度低,对外露面有较高质量要求的水工构筑物的闸墩、坝体、墙板混凝土工程

4.3.1.4 本指南主要介绍"悬臂爬升模法+泵送浇筑法"施工工艺。

4.3.2 工艺准备要点

4.3.2.1 测量放样检查并校正底板上的闸墩预埋钢筋,对弧形闸门槽的加强钢筋搭设辅助支架,保证位置准确。

4.3.2.2 对溢流面上用于闸墩模板支承的部位进行高程复查及整平,设置橡胶垫防止底部漏浆。

4.3.2.3 闸墩及牛腿模板制作完成,在工厂内进行外侧防腐,并预拼装编号,并经验收合格后,成套交付使用。

4.3.2.4 门槽等金属结构埋件制作完成并运输至现场。

4.3.3 工艺实施流程

泄水闸闸墩施工工艺流程见图4.3.3。

4.3.4 工艺控制重点

4.3.4.1 模板主要控制重点如下:

(1)按确定的混凝土分层浇筑高度进行模板专项设计,施工方案通过审批。闸墩分层浇筑见图4.3.4-1,闸墩模板实例见图4.3.4-2。

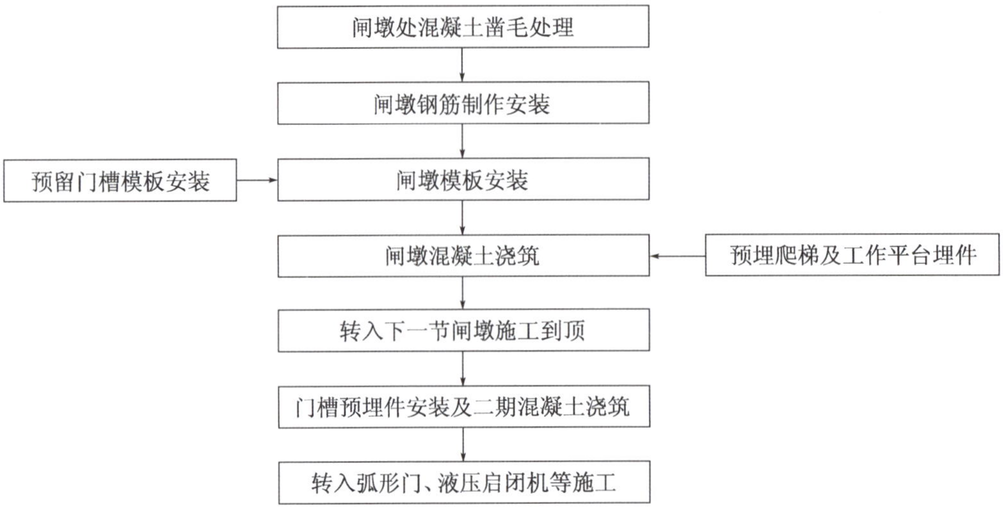

图 4.3.3　泄水闸闸墩施工工艺流程

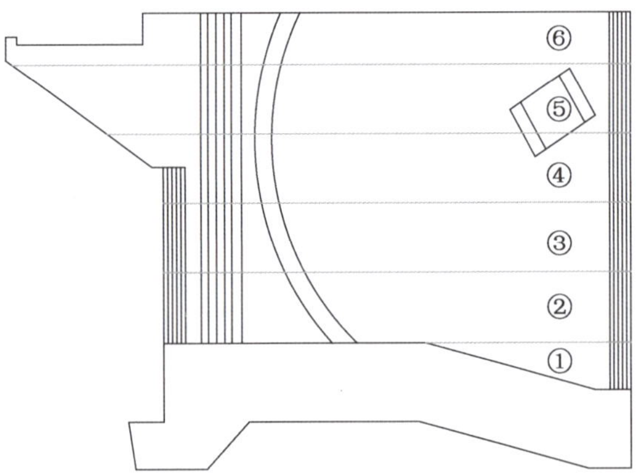

图 4.3.4-1　闸墩分层浇筑

图 4.3.4-2　闸墩模板

(2)闸墩混凝土浇筑大型悬臂承重结构采用前拉后锚式模板支撑系统方案前,须通过专家论证。宜采用软件建模进行受力分析计算,大牛腿模板设计采用钢管混凝土立柱扇形拉锚支撑系统。具体结构为定型钢模 + 桁架背带的形式,用预埋钢管立柱 + 拉杆固定牛腿倾斜底板,模板支撑体系布置见图 4.3.4-3。

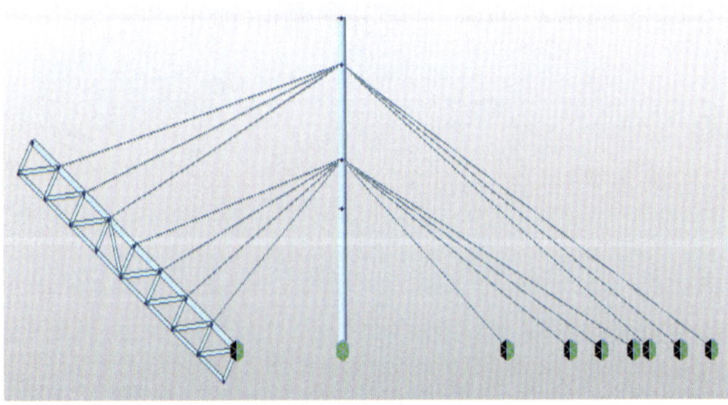

图 4.3.4-3　模板支撑体系布置

(3)混凝土施工至闸墩大牛腿底部时,根据牛腿模板设计结构图提前确定预埋钢管立柱型号及埋设位置、用量。为增加整体刚度,在钢管立柱中填充自密实混凝土,采用圆钢作拉杆进行前拉后锚,固定牛腿桁架底模,形成整体刚性支撑系统。施工见图4.3.4-4、图4.3.4-5。

图4.3.4-4 闸墩钢管混凝土立柱扇形拉锚支撑系统施工

图4.3.4-5 闸墩钢管混凝土立柱及拉杆支撑加固

(4)大型悬臂钢桁架模板采用轨道式移动塔机进行安装施工,模板顶口采用低碳钢A3拉杆进行对拉加固,悬臂模板底口利用下层预埋的圆台螺母进行加固定位,拆模后循环进入下一层闸墩施工。墙悬臂钢桁架模板施工见图4.3.4-6。

图4.3.4-6 墙悬臂钢桁架模板施工

(5)闸墩左右侧弧形门支铰座凸出的现浇承重结构,宜采用预埋型钢作为模板支撑。

(6)弧形门槽、检修门槽、支铰座二期混凝土预留结合面等部位宜采用收口网(免拆除模板工艺),并加工定型钢架与收口网绑扎牢固。钢架采用螺栓与相邻模板连接固定,并与模板面板贴合紧密。收口网绑扎见图4.3.4-7,收口网支架见图4.3.4-8。

(7)悬臂模板安装完成后,应逐个检查底部圆台螺母的紧固程度,并在钢桁架顶部设置低碳钢A3拉杆锁口。

(8)应在模板背后设上、下两层操作平台,并安装防护栏杆和安全防护网。

(9)大型悬臂结构模板拆除应编制专项方案并经审批后实施。

图4.3.4-7　收口网绑扎

图4.3.4-8　收口网支架

4.3.4.2　混凝土主要控制重点如下：

(1)每层混凝土浇筑完成后，应在顶面采用预埋木盒预留榫式凹槽或凸槽，以利于分层施工缝之间的连接。榫式凸槽见图4.3.4-9。

(2)闸墩与底板连接段应按大体积混凝土施工，浇筑混凝土时，应埋设内部温度测量监控装置。

(3)混凝土表面均采用土工布覆盖，顶部滴灌法保湿养护。

(4)每个闸墩至少设两部旋转式或"之"字形安全爬梯，爬梯底部在底板上预埋铁件焊接，沿高度方向与闸墩采用附着式焊接固定，附着点间距不得大于3m。"之"字形爬梯见图4.3.4-10。

图4.3.4-9　榫式凸槽

图4.3.4-10　"之"字形爬梯

4.4　分水墙工程

分水墙位于船闸上下游引航道，起到稳定航道水流流态的作用。其主要由墩墙与挂板组成。

4.4.1 墩身

4.4.1.1 工艺简述

(1)模板工艺

模板工艺分为组装钢模板、一次性整体浇筑模板。

模板施工工艺对比见表4.4.1。

表4.4.1 模板施工工艺对比

工艺名称	特点	适用条件
组装钢模板浇筑	施工工期长,施工缝较多	适用于墩身高度较大
一次性整体浇筑	模板一次成型,结构浇筑一模到顶,无施工缝,入仓高度大,模板用量大	适用于墩身高度一般小于15m

(2)混凝土工艺

混凝土工艺分为吊罐法和泵送法。

本指南主要介绍"翻模+泵送浇筑法"施工工艺。

4.4.1.2 工艺准备要点

(1)基础混凝土强度达到设计要求。

(2)检查、校正墩身预埋钢筋。

(3)混凝土施工缝已经处理并验收。

(4)闸墩及牛腿模板制作完成,在工厂内进行外侧防腐,并预拼装编号,并经验收合格后,成套交付使用。

4.4.1.3 工艺实施流程

墩身施工工艺流程见图4.4.1。

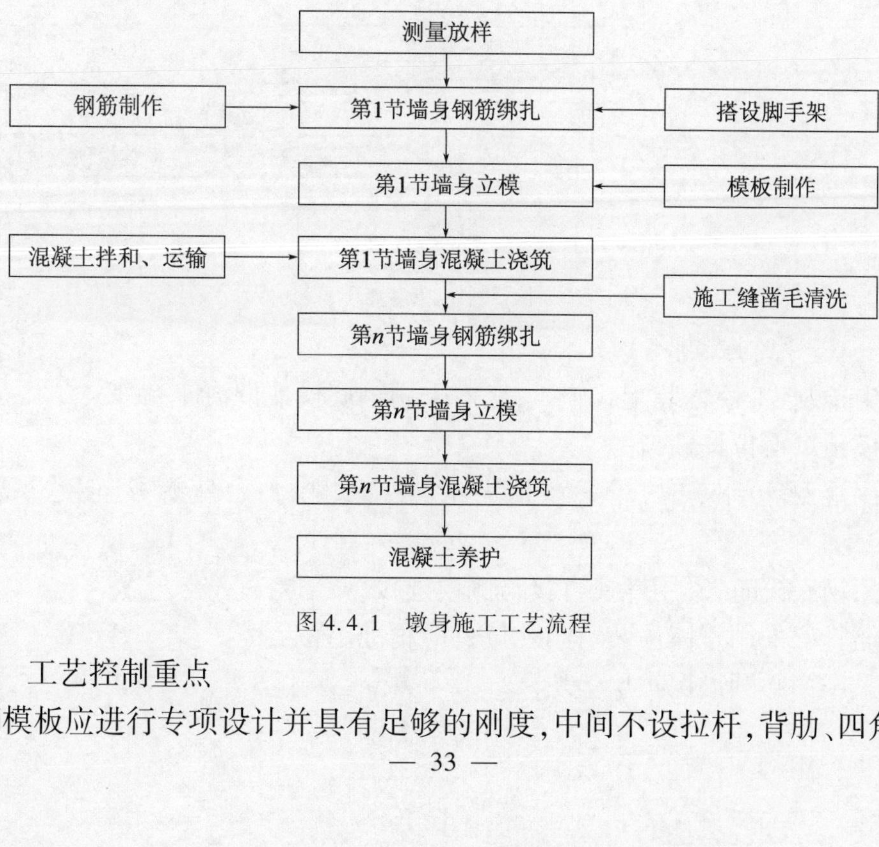

图4.4.1 墩身施工工艺流程

4.4.1.4 工艺控制重点

(1)钢模板应进行专项设计并具有足够的刚度,中间不设拉杆,背肋、四角采用低碳钢 A3 拉杆固定连接。

(2)模板应事先进行预拼装,并成套使用。

(3)墩身预留槽口采用定型钢模。

(4)钢筋接头宜采用机械连接方式,钢筋切断采用砂轮机切割。

(5)设置定位板临时固定钢筋伸出的自由端,中部应设钢筋内衬固定。

(6)墩身混凝土浇筑拆模后应采用塑料薄膜包裹,滴水养护。

4.4.2 挂板

4.4.2.1 工艺简述

(1)挂板施工工艺分为现浇和预制安装。

(2)本指南主要介绍"预制安装"施工工艺。

4.4.2.2 工艺准备要点

(1)预制场验收。

(2)安装前,分水墙身混凝土强度达到设计要求。

4.4.2.3 工艺实施流程

挂板制作、安装施工工艺流程见图4.4.2。

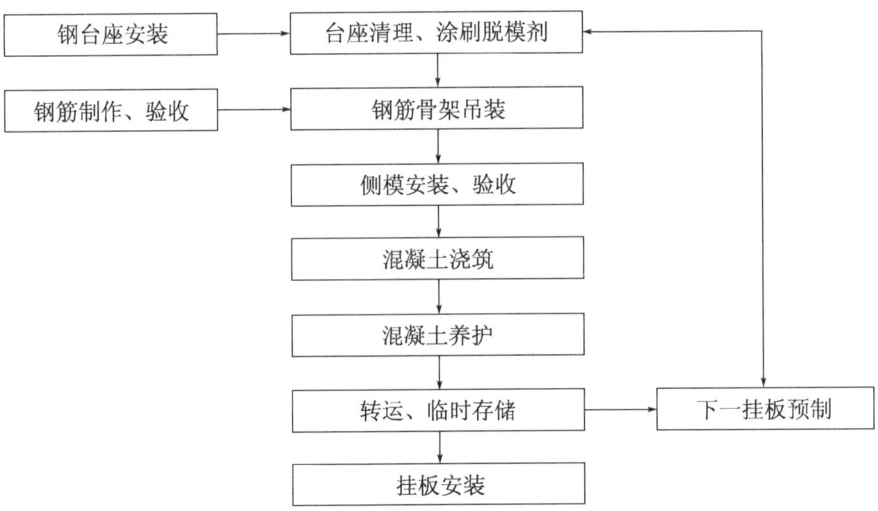

图4.4.2　挂板制作、安装施工工艺流程

4.4.2.4 工艺控制重点

(1)集中预制,工厂化装配式施工,底模采用钢底模或混凝土台座。

(2)侧模顶口设拉杆锁口。

(3)采用混凝土台座时,设置型钢护角,便于侧模与台座螺栓连接。增加橡胶垫堵缝。

(4)使用钢底模时,采用螺栓直接与侧模连接。

(5)钢筋骨架采用整体吊装。吊孔位置应精准定位。

(6)宜采用穿心圆形保护层垫块。

5 电　站

5.1 底　板

5.1.1 工艺简述

5.1.1.1 布料机浇筑电站工程底板为大体积混凝土,宜采用低坍落度混凝土。

5.1.1.2 本指南主要介绍“混凝土吊罐浇筑”施工工艺。

5.1.2 工艺准备要点

5.1.2.1 基坑排水已满足要求(一般要求降至基槽底面以下50cm)。

5.1.2.2 基坑边坡防护及边坡位移量观测均符合要求,满足安全施工条件。

5.1.2.3 底板基础已通过联合验收(地基换填处理已完成并通过检验)。

5.1.3 工艺实施流程

底板混凝土施工工艺流程见图5.1.3。

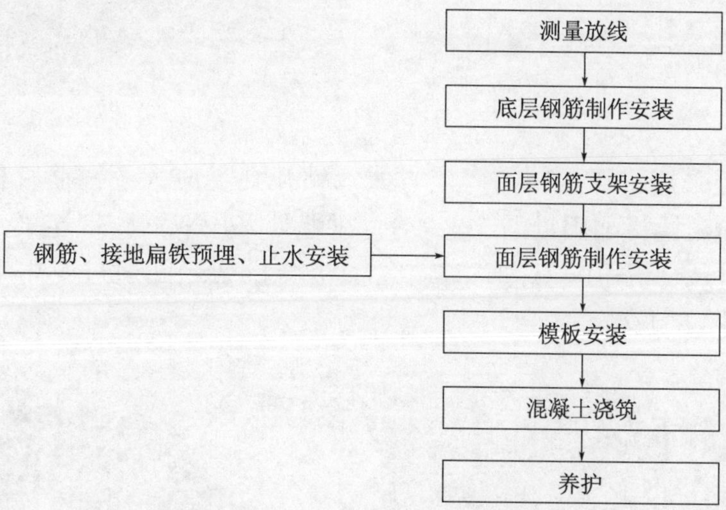

图5.1.3　底板混凝土施工工艺流程

5.1.4 工艺控制重点

5.1.4.1 底板钢筋宜采用机械连接。

5.1.4.2 底板钢筋宜利用预埋锚筋作为底层与面层钢筋支撑骨架,钢筋支撑骨架应进行验算,利用钢筋支架固定集水井井壁钢筋,预埋锚筋支撑见图5.1.4-1。集水井斜向钢筋应加密布设支撑钢筋,交通廊道、检修排水廊道侧壁钢筋设置定位板临时固定钢筋伸出的自由端。

图 5.1.4-1　底板与集水井预埋锚筋支撑

5.1.4.3　应采用定位架,准确定位主筋、分布筋和箍筋,控制钢筋间距与角度。定位架控制安装精度见图 5.1.4-2。

图 5.1.4-2　定位架控制安装精度

5.1.4.4　模板采用内撑内拉的固定方式。钻孔孔径应大于锚筋直径 20mm 以上,孔深应满足设计要求,模板加固见图 5.1.4-3。拼缝处采用双面胶带连接,底板中检修排水廊道弧形顶拱面板之间采用"U"形卡连接,面板与拱架之间通过专用半圆形钩卡连接。廊道顶拱模板见图 5.1.4-4。

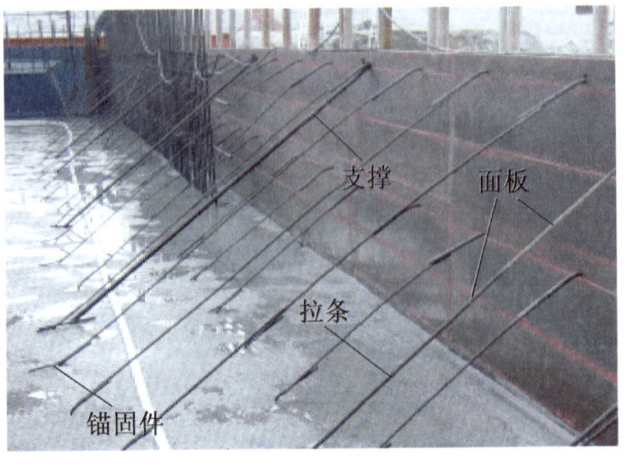

图 5.1.4-3　模板加固

图 5.1.4-4　廊道顶拱模板

5.1.4.5　纵缝键槽模板上口设置的拉条与键槽模板面的垂直距离应控制在10cm以上,防止浇筑时拉裂。键槽模板拉条见图5.1.4-5。

5.1.4.6　跨缝半边廊道立模时,应特别注意做好斜向剪刀撑,确保模板支撑系统的稳定性。廊道顶拱模板斜撑见图5.1.4-6。

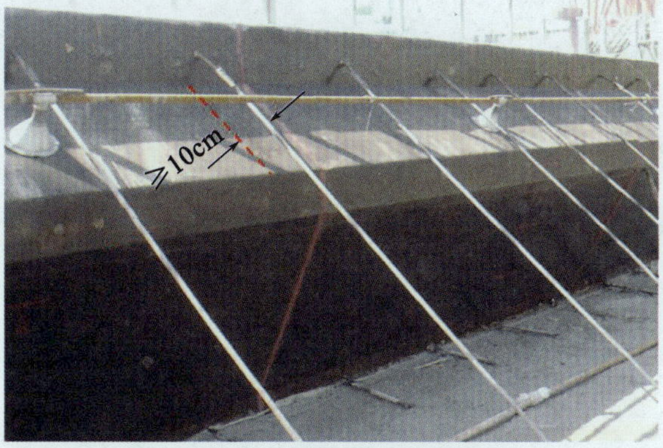

图5.1.4-5　键槽模板拉条布置

图5.1.4-6　廊道顶拱模板斜撑

5.1.4.7　廊道排水沟模板宜使用组合定型钢模板。

5.1.4.8　浇筑前,应核查和记录灌浆管、止水片、金属结构安装埋件、监测仪器等,并设置木盒加以保护。

5.1.4.9　底板分缝水平止水处模板由于止水上下模板分离,止水上方模板安装应控制整体线形,安装牢固,模板下端应与止水构件紧密贴合。

5.1.4.10　采用定位件保证水平铜止水片对中。

5.1.4.11　大体积混凝土应通过结构建模进行混凝土温度计算,制定混凝土温控方案。

5.1.4.12　混凝土浇筑时应覆盖彩条布,减少对混凝土的污染;钢筋密集区域、止水周边部位应采用人工辅助分层浇筑。

5.1.4.13　应设置混凝土刮平导轨控制面层高程、平整度与保护层厚度,面层可采用坍落度较小的混凝土,浇筑时及时清理表面浮浆。

5.1.4.14　底板底坎二期混凝土预留槽宜采用收口网免拆除模板。

5.1.4.15　底板混凝土温度控制重点如下:

(1)厂房底板集水井等强约束区严格控制分层高度在1.5m,分层浇筑间隔期控制宜不大于10d,当层间浇筑间隔期过长时,应铺设2cm厚的缓凝砂浆层作为减缓外部约束的储备措施。

(2)厂房流道底板面层宜设置钢筋防裂网片,提高流道底板混凝土结构表层的抗裂能力。

5.1.4.16　混凝土结构体的棱角和突出部分采用角钢加强保护。

5.2　流　　道

5.2.1　工艺简述

5.2.1.1　电站流道表面形状复杂多变,根据施工模板种类的不同分为定型钢模板和木模板,混凝土入仓方式主要分为混凝土吊罐、布料机、泵送混凝土浇筑。

5.2.1.2　本指南主要介绍“定型钢模板+混凝土吊罐浇筑”施工工艺。

5.2.2　工艺准备要点

5.2.2.1　底板已浇筑完成,混凝土达到7d设计强度。

5.2.2.2　流道整体高大模板应有专项设计并通过论证审批,模板支撑体系满足安全施工条件。

5.2.2.3　施工缝处理完成并通过检验。

5.2.2.4　拌和与浇筑设备满足施工要求,并配有应急设备。

5.2.3　工艺实施流程

流道混凝土施工流程见图5.2.3。

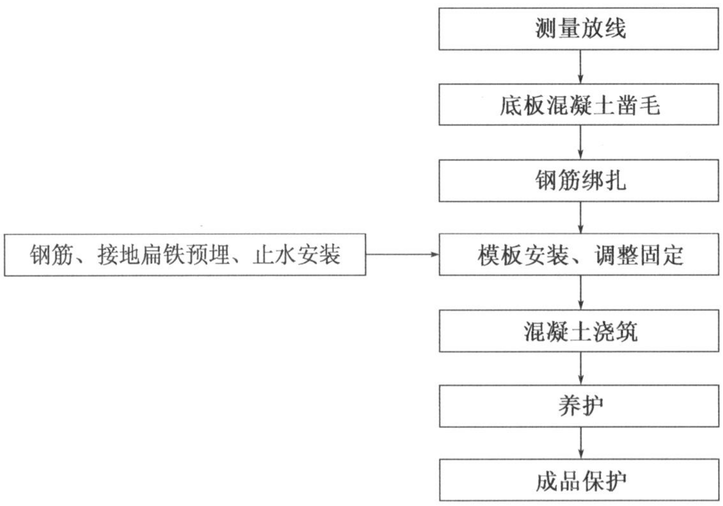

图5.2.3　流道混凝土施工工艺流程

5.2.4　工艺控制重点

5.2.4.1　流道钢筋主要控制重点如下:

(1)通过建立流道模型,确定流道变截面半径与坐标关系曲线,在流道中轴线设置移动测量滑轨辅助钢筋、模板校准。流道建模见图5.2.4-1。

(2)流道墙体钢筋搭设辅助支架,采用钢筋进行水平、斜向支撑,提高整体刚度、保证钢筋骨架稳定。设置定位板临时固定钢筋伸出的自由端。

(3)流道二期混凝土内钢筋包裹在钢衬外围,为多层环向钢筋网。环向钢筋应分上下两段进行加工,先加工和安装下半段钢筋,在二期混凝土浇筑完下半段后,再安装上半段钢筋,便于混凝土的入仓。

(4)圆弧水平衔接段可增设钢筋网片防裂。

5.2.4.2　流道模板主要控制重点如下:

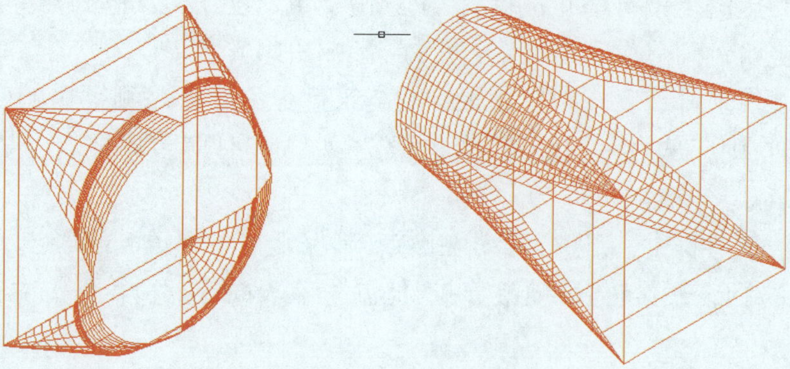

图 5.2.4-1　流道建模示意图

(1)流道中心断面以下模板设置内撑与内拉控制施工中的变形,设置外拉杆防止施工中的上浮。进尾水顶板反弧段模板采用内拉固定。曲面模板支撑体系见图 5.2.4-2。

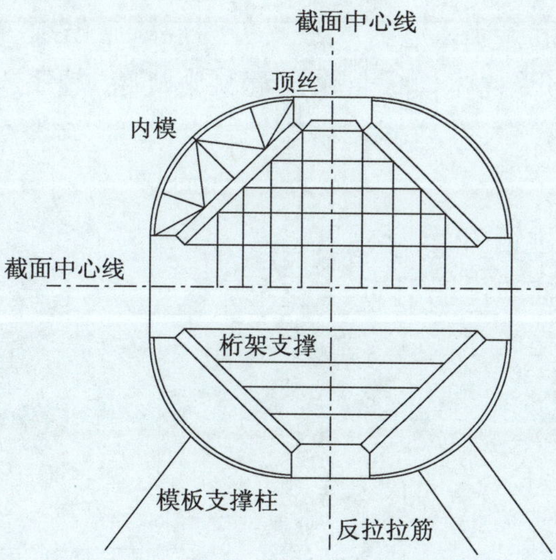

图 5.2.4-2　曲面模板支撑体系示意图

(2)流道底板曲面与直面相接处设置钝角,以增加混凝土接触面积,利于曲面混凝土浇筑密实。

5.2.4.3　混凝土浇筑主要控制重点如下:

(1)混凝土从机组间分缝向曲面进行浇筑,曲面钢模设置附着式振捣器复振。

(2)流道一期混凝土对称下料,同时振捣,防止模板振捣变形。二期混凝土在两侧一期混凝土表面通过溜筒下料。因二期混凝土仓面狭小,局部钢筋密集,特别是钢衬下半段混凝土不易流动,通过振捣自动流入时,宜用软轴振捣器进行振捣;钢衬最下部分无法进入振捣的部分,在模板上设置预留孔,通过预留孔进行振捣。

(3)设置混凝土刮平导轨控制面层高程、平整度与保护层厚度。

(4)混凝土内部宜埋设测温计与冷却管控制内外温差。

(5)浇筑流道二期混凝土时,应严格控制下料速度,控制钢衬的上浮。

①混凝土浇筑时,应注意防止物件碰撞以及振捣器使用时对钢衬和拉、撑件的冲击,并经常检测锥体一端法兰面的变形量,必要时采取防止变形措施。

②二期混凝土浇至钢衬中间位置后,应放慢浇筑速度,必要时可做适当停顿,防止由于混凝土一次浇筑过高造成管型座钢衬上浮,影响机组安装。

③混凝土浇筑上升速度控制在0.4m/h,浇筑过程中严密监测钢衬的变位量,如一侧数据出现异常时,则应从另一侧浇筑;变位量达到1mm时应暂停浇筑,进行相关处理后再重新开始浇筑。

④混凝土浇筑过程中,应进行流动性检查,确保钢衬下部填满混凝土。

(6)曲面混凝土采用"花管"喷淋养护,低温季节表面进行覆盖保温养护。

5.3　主机间运行层

5.3.1　工艺简述

5.3.1.1　电站运行层为板梁柱结构,线形控制要求严格,根据施工模板种类的不同分为定型钢模板和木模板,混凝土入仓方式主要分为混凝土吊罐、泵送混凝土浇筑。

5.3.1.2　本指南主要介绍"木模板+泵送混凝土浇筑"施工工艺。

5.3.2　工艺准备要点

5.3.2.1　底层混凝土达到7d设计强度。

5.3.2.2　检查并校正柱的预埋钢筋。

5.3.2.3　施工缝处理完成并通过检验。

5.3.3　工艺实施流程

运行层混凝土施工工艺流程见图5.3.3。

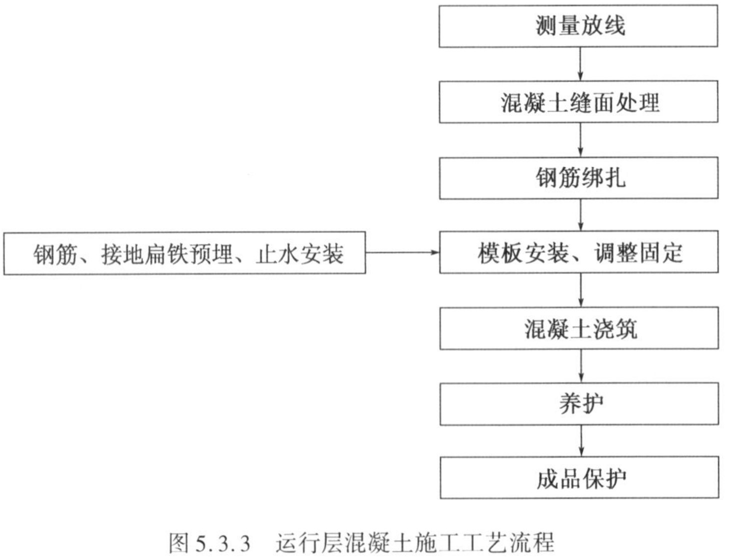

图5.3.3　运行层混凝土施工工艺流程

5.3.4　工艺控制重点

5.3.4.1　采用定位架或模板弹线定位主筋、分布筋和箍筋,定位方法见图5.3.4-1。

5.3.4.2　梁柱交叉节点区的箍筋制成钢筋笼套入柱的纵向钢筋,绑扎或焊接牢固后,再安放梁的钢筋,模板弹线定位钢筋见图5.3.4-2。

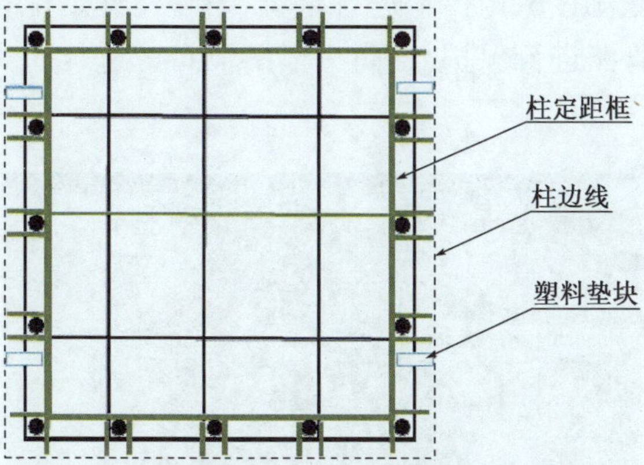

图5.3.4-1　柱钢筋定位架与柱保护层垫块结构

图5.3.4-2　模板弹线定位钢筋

5.3.4.3　梁柱节点处采用定型模板,梁柱节点处定型模板见图5.3.4-3。

图5.3.4-3　梁柱节点处定型模板

5.3.4.4　变截面梁体宜制作定型钢模板,模板中部设置对拉螺杆加固;拉杆孔应外套PVC管,管端与模板连接处应套环形橡胶垫止浆。

5.3.4.5　所有混凝土结构体应使用同一种脱模剂,以消除色差。脱模剂涂刷见图5.3.4-4。

图5.3.4-4　脱模剂涂刷

5.3.4.6 梁柱接头周边采用钢网或小板定位,并先浇筑梁柱接头混凝土,随后浇筑梁板混凝土。

5.3.4.7 墙体、楼板预留孔洞、管道布设宜采用BIM技术进行定位,BIM模型定位孔洞见图5.3.4-5。浇筑时,应埋设木盒对预埋管路进行保护,穿防火墙的洞口应进行防火封堵。

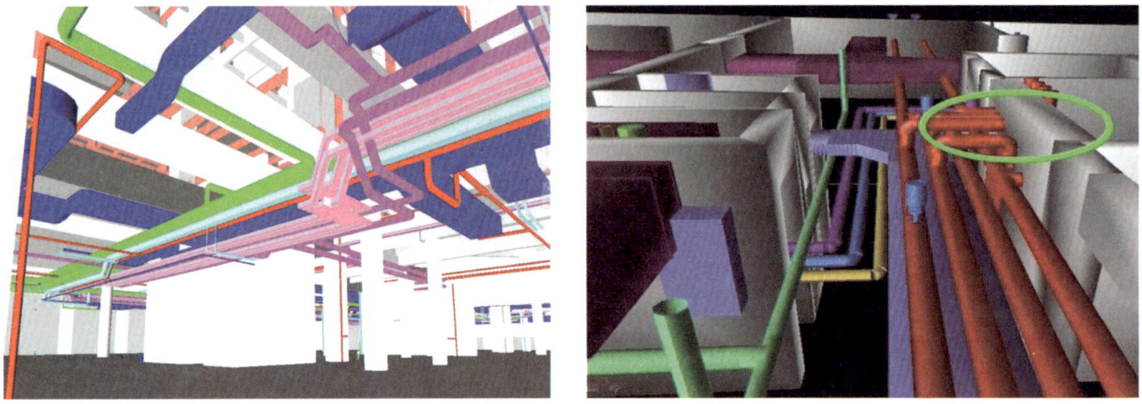

图5.3.4-5　利用BIM技术定位孔洞

5.3.4.8 对于建筑物永久暴露表面,混凝土收仓时要表面收光,宜采用激光水平仪(图5.3.4-6)进行收面控制。

图5.3.4-6　激光水平仪

5.3.4.9 运行层混凝土采取免装饰工艺时,应注意:

(1)模板明缝处理。

将模板上口置于策划的明缝处,并在上边缘安装明缝条,混凝土浇筑至明缝条边缘稍低5mm;上层混凝土施工时,将模板直接插入明缝条上部肋槽内拼接,浇筑上层混凝土前将底部拉筋紧固牢靠,注意底部仔细振捣,防止表面缺陷。

通过在模板拼缝间夹入明缝条,不仅可以消除接缝痕迹,还可以通过模数化设计,将施工缝隐藏为装饰线条,提高观感质量。模板拼缝间夹明缝条见图5.3.4-7。

(2)细化大体积胸墙混凝土模板配板及加固体系设计,提高结构体形和外观质量。

(3)扶墙柱侧面模板按实际体形加工,消除模板拼缝,并提高外观效果。

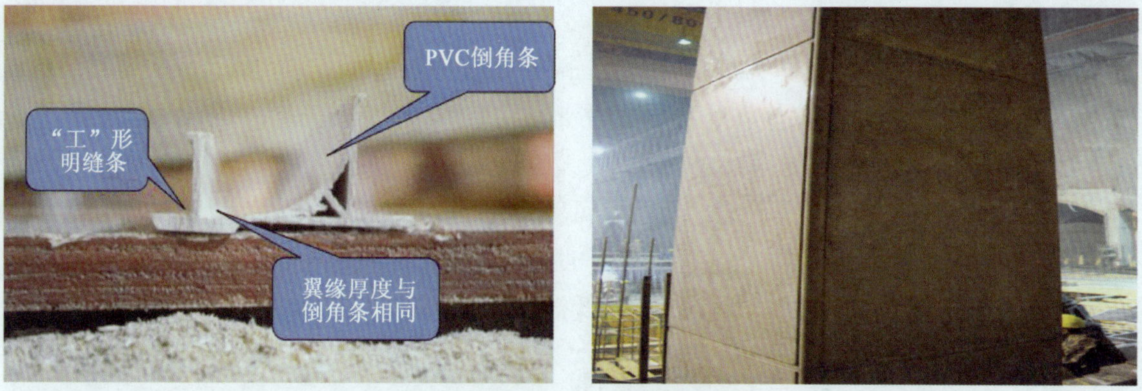

图 5.3.4-7　模板拼缝间夹明缝条

(4)独立柱模板加固结构优化,提高加固体系刚度,保证截面体形规则度。

5.4　护　坦

5.4.1　工艺简述

5.4.1.1　护坦属大体积混凝土结构体施工,采用低坍落度混凝土有利于混凝土防裂。按混凝土入仓方式主要采用混凝土吊罐、布料机两种工艺。

5.4.1.2　本指南主要介绍“混凝土吊罐入仓浇筑”施工工艺。

5.4.2　工艺准备要点

5.4.2.1　基坑排水已满足要求(一般要求降至基槽底面以下 50cm)。

5.4.2.2　基坑边坡防护及边坡位移量观测均符合要求,满足安全施工条件。

5.4.2.3　底板基础已通过联合验收(地基换填处理已完成并通过检验)。

5.4.3　工艺实施流程

护坦混凝土施工工艺流程见图 5.4.3。

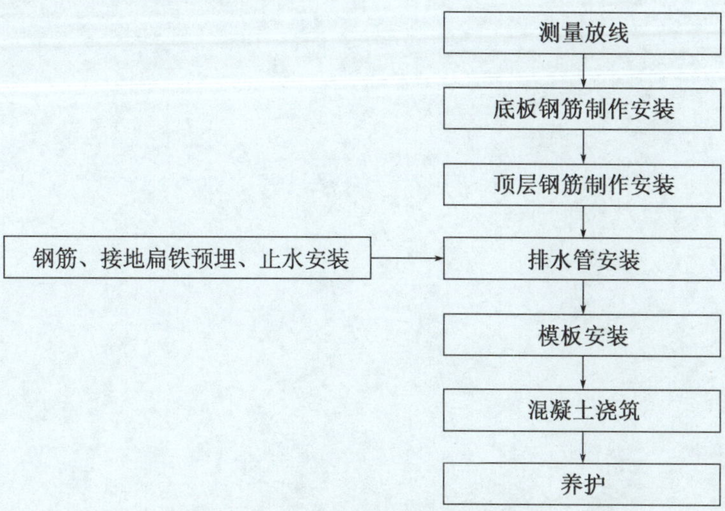

图 5.4.3　护坦混凝土施工工艺流程

5.4.4　工艺控制重点

5.4.4.1　利用预埋锚筋作为底层与面层钢筋支撑骨架并固定排水管。

5.4.4.2　嵌缝泡沫板在边角处和异面形状,在现场用裁纸刀手工制作成型后,粘贴固定。

5.4.4.3　设置混凝土刮平导轨控制面层高程、平整度与保护层厚度,随浇随刮平。在气温较高的季节,应控制延缓混凝土的初凝时间,以控制面层平整度。

5.4.4.4　高温季节表面进行洒水养护,低温季节表面进行覆盖保温养护。

6 金属结构安装

(1)航运(电)枢纽工程金属结构主要有工作闸门、工作阀门、检修闸门、检修阀门、浮式系船柱、拦污栅等。

(2)工作闸门形式主要有人字闸门、三角闸门、横拉闸门、平面闸门、一字闸门和弧形闸门等;工作阀门形式主要有平面阀门和反向弧形阀门。

(3)检修闸门形式主要有浮式检修闸门、浮式叠梁检修闸门、升降式平面闸门等。

(4)金属结构构件制作宜由专业厂家在厂内制作,本章节不做介绍。

6.0.1 工艺简述

6.0.1.1 航运(电)枢纽工程闸门形式主要分为弧形闸门、平面闸门、船闸人字门。

6.0.1.2 本指南主要介绍电站厂房门槽埋件、泄水闸工程的平面闸门、弧形闸门的安装工艺。

6.0.1.3 船闸闸门、启闭机安装见《水运工程施工标准化建设指南　施工工艺篇(船闸工程)》。

6.0.2 工艺准备要点

6.0.2.1 完成土建工程施工作业面,检查土建尺寸符合要求。

6.0.2.2 闸门安装前的预拼装、验收等工作准备完毕。

6.0.2.3 设备安装方案通过审批。

6.0.3 工艺实施流程

6.0.3.1 门槽埋件安装施工工艺流程见图6.0.3-1。

6.0.3.2 平面闸门闸室立拼安装施工工艺流程见图6.0.3-2。

6.0.3.3 泄水闸弧形闸门安装施工工艺流程见图6.0.3-3。

6.0.4 工艺控制重点

6.0.4.1 一期埋件安装主要控制重点如下:

(1)一期埋件利用门槽台车跟随主体工程的混凝土施工同步进行安装。

(2)插筋、锚栓的直径、长度、数量及埋入混凝土中的深度通过定位板控制,应符合设计与图纸的规定。

(3)混凝土浇筑时,利用定位夹,确保插筋不发生变形和位移。

(4)预埋螺栓的丝扣部位涂抹黄油并用彩条布包扎好。

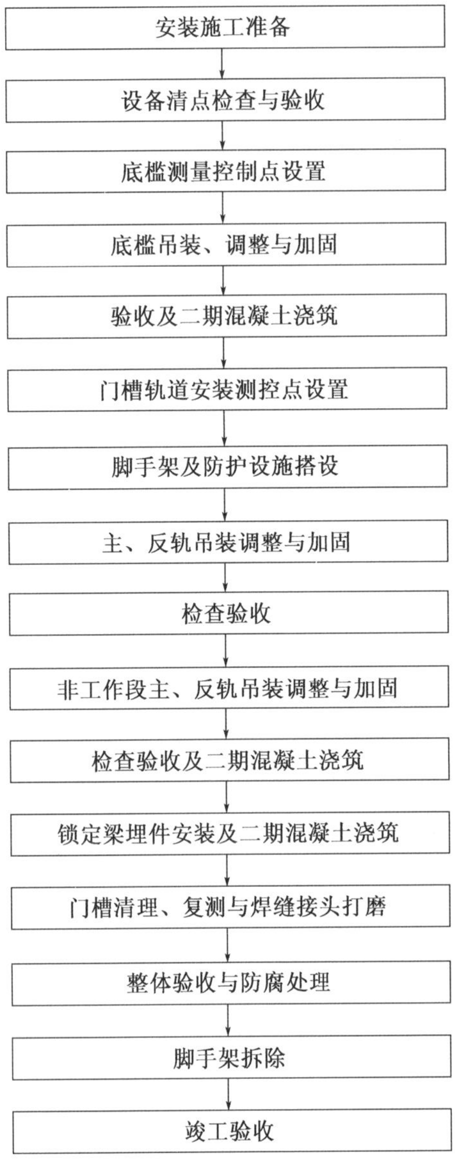

图 6.0.3-1　门槽埋件安装施工工艺流程

6.0.4.2　二期埋件安装主要控制重点如下：

(1)先安装底槛,然后从下至上逐节吊装并调整加固主、反轨。

(2)利用支撑托架,调整底坎的中心里程、高程,初步加固后再进行精调。

(3)门(栅)槽垂直度采用挂高张力钢丝线(张力不小于 100N)进行测量,采用经纬仪复核验收。

(4)埋件与锚筋焊牢,严禁将加固材料直接焊接在主轨等的工作面上。

(5)埋件所有连接焊缝须进行打磨,表面粗糙度与原构件维持一致。对接接头的错位均应进行缓坡处理,过流面及工作面的焊疤和焊缝应铲平磨光,凹坑补焊后打磨光滑。

6.0.4.3　闸门安装主要控制重点如下：

(1)电站进口检修、尾水事故检修、泄水闸检修闸门安装：

①在闸门底槛上设置两个钢支墩,支撑门体的全部重量,作为门叶调整的基准。

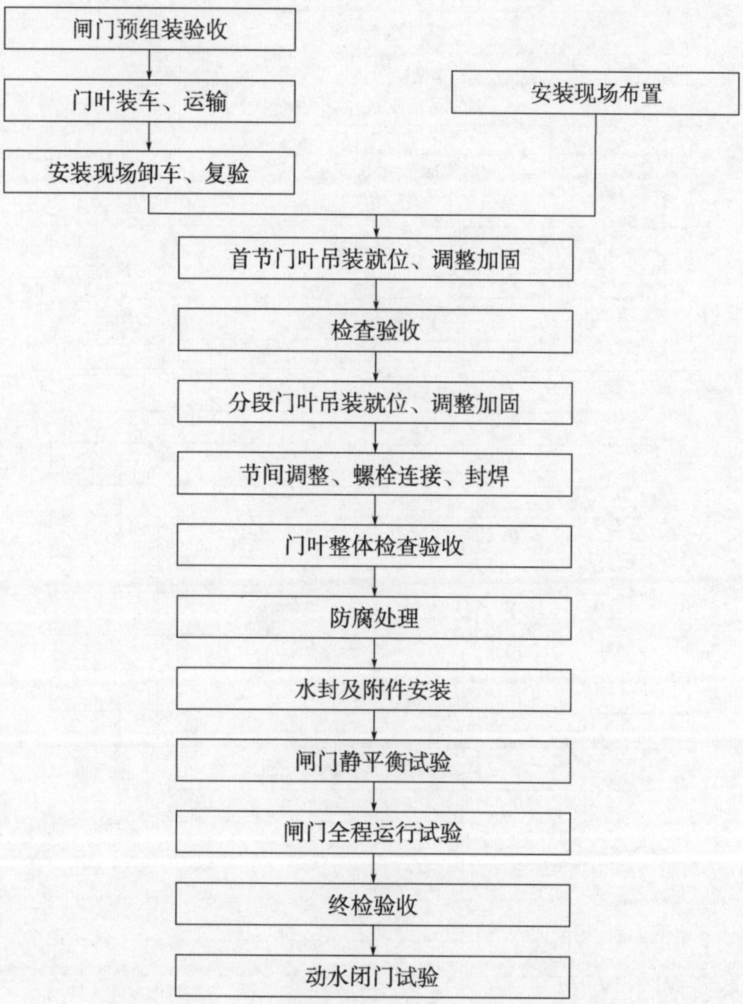

图6.0.3.2　平板闸门闸室立拼安装施工工艺流程

②门体采取小线能量焊接,拼装一节、焊接一节,控制门叶焊接变形。

③止水安装时,应仔细检查侧止水座板及止水座的平整度,并对水封做适当调整。

④控制水封与面板一侧滑块的高程差、平面度,保证门体整体止水达到理想效果。

(2)泄水闸弧形闸门安装:

①通过在左、右铰座轴孔中心悬挂钢丝线,调整两个铰座的同心度和倾斜度。

②用两台布置在门槽闸墩上的临时钢梁卷扬起吊设备抬吊支臂,并辅以手动葫芦进行调整安装。

③闸门与左右支臂连接紧固,进行整体安装焊接。

④水封装配并均匀拧紧螺栓后,螺栓端部至少应低于止水橡皮自由表面8mm以上。

⑤门体上方搭设安全隔离平台,防止孔口上部土建施工对弧门造成损坏。

(3)拦污栅及栅槽埋件安装:

①在孔口顶部布置临时用于栅体拼装用的锁定装置。

②采用"卧拼"方式进行预拼装。

③从底至上"逐节吊装、逐节连接、逐节下放"进行栅体的立位组装。

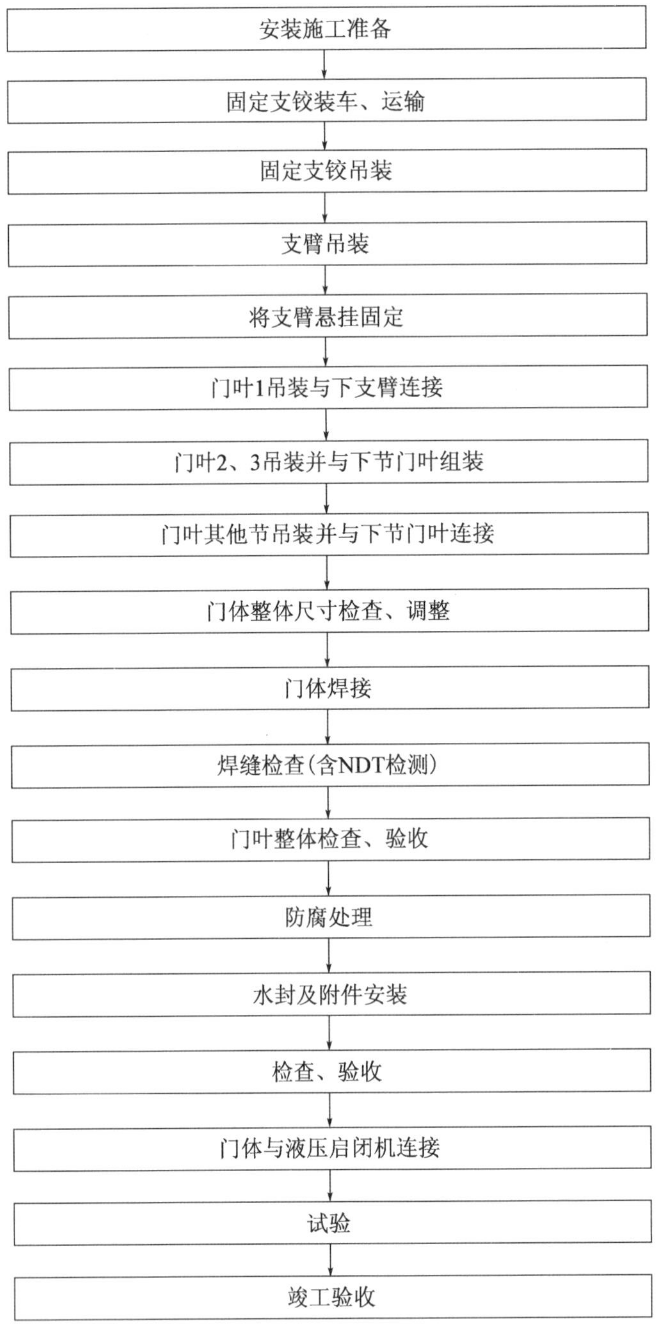

图6.0.3-3　弧形闸门安装施工工艺流程

④拦污栅两节之间的连接,除框架边柱对齐外,栅条也应对齐。

⑤使用坝顶门机吊起整扇栅体在栅槽内做升降试验,检查栅体卡阻情况。

(4)金属结构焊接:

①严格遵守焊接材料(焊条、焊剂)的选用、保管、烘焙、使用制度,谨防因焊条自身原因导致的焊接通病。

②根据材料等级、碳当量、构件厚度、施焊环境等,选择合理的焊接工艺参数和线能量,如焊前预热焊后缓冷,采取多层多道焊接,控制一定的层间温度等。

③焊接施工时,正确选取坡口尺寸,合理选用焊接电流和焊接速度,坡口表面氧化皮和

油污要清除干净,封底焊清根要彻底,运条摆动要适当,密切注意坡口两侧的熔合情况。

④采用合理的热处理方式,以消除内应力、去氢和淬硬组织回火,改善接头韧性。

6.0.4.4　金属结构涂装主要控制重点如下:

(1)安装焊缝表面采用专用焊缝除锈机进行喷砂预处理,经表面预处理的钢板表面清洁度应达到Sa2.5级。喷砂用的磨料使用棱角状的金属磨料,平均粒度应为0.5~1.5mm。

(2)涂装前,应严格按涂料产品除锈标准、设计要求和国家现行标准的规定进行除锈;漆膜的外观质量要求:湿膜不得有曳尾、缩孔缩边、起泡、喷丝、发白失光、浮色、流挂、渗色、咬底、皱皮、橘皮等弊病;干膜不得有白化、针孔、细裂龟裂、回粘、片落剥落脱皮等弊病。对残留的氧化皮应返工,重新做表面处理。

(3)经除锈检查合格后的钢材,必须在表面返锈前涂完第一遍防锈底漆,若涂漆前已返锈,则须重新除锈。

(4)表面处理:

①表面处理前,应完成焊缝的缺陷处理并验收合格,焊缝表面按照规范及设计图纸要求进行打磨,过流面须打磨平整。

②进行表面处理前,应先清除污物和铁锈,然后采用人工除锈或机械方法除锈,表面处理的清洁度和粗糙度须达到设计和规范的有关规定。

③对闸门等设备大面积焊接焊缝的表面采用喷砂机进行喷射除锈。

④其余部位(焊缝和油漆破损处)表面采用手工方法除锈。

(5)闸门等设备大面积焊缝区的底漆涂装:

①底漆喷涂在表面处理完后立即进行,喷涂前要求表面干燥,环境温度和湿度达到有关规范要求。对电气设备、机械运转部位、滑道工作面等采取妥善覆盖保护。

②底漆喷涂使用高压无气喷涂机进行施喷。

③喷涂后,按要求进行漆膜(干膜和湿膜)厚度检测,以及漆膜附着力的测定等。

④其余部位底漆涂装在表面处理后立即进行,采用人工涂刷工艺。表面厚度必须达到规范有关规定。

(6)面漆涂装:

①不需现场焊接的闸门面漆涂装尽量在拼装场内进行,采用高压无气喷涂机进行涂装施工。

②需在现场进行焊接的闸门面漆喷涂,在闸门拼焊工作结束并经验收合格后,采用高压无气喷涂机进行喷涂。

③启闭机安装完成后,在现场整体进行面漆的机械喷涂施工。

④埋件的面漆在埋件安装完毕,表面清理干净并完成焊缝处底漆涂刷后,采用人工现场涂刷。

(7)涂料、涂层厚度、涂层遍数均应符合设计要求。

(8)涂装厚度检测应在漆膜实干后进行。

(9)对超过干膜厚度允许偏差的涂层应补涂修整。

参考文献

[1] 中华人民共和国水利行业标准. SL 645—2013　水利水电工程围堰设计规范[S]. 北京:中国水利水电出版社,2013.

[2] 中华人民共和国国家标准. GB/T 50290—2014　土工合成材料应用技术规范[S]. 北京:中国标准出版社,2014.

[3] 中华人民共和国水利行业标准. SL 174—2014　水利水电工程混凝土防渗墙施工技术规范[S]. 北京:中国水利水电出版社,2014.

[4] 中华人民共和国水利行业标准. SL 303—2017　水利水电工程施工组织设计规范[S]. 北京:中国水利水电出版社,2017.

[5] 中华人民共和国电力行业标准. DL/T 5200—2004　水电水利工程高压喷射灌浆技术规范[S]. 北京:中国电力出版社,2004.

[6] 中华人民共和国电力行业标准. DL/T 5308—2013　水利水电工程施工安全监测技术规范[S]. 北京:中国电力出版社,2013.

[7] 中华人民共和国行业标准. JGJ 107—2016　钢筋机械连接技术规程[S]. 北京:中国建筑工业出版社,2016.

[8] 中华人民共和国国家标准. GB/T 14173—2008　水电水利工程钢闸门制造安装及验收规范[S]. 北京:中国标准出版社,2008.

[9] 中华人民共和国水利行业标准. SL 381—2007　水利水电工程启闭机制造安装及验收规范[S]. 北京:中国水利水电出版社,2007.

[10] 中华人民共和国水利行业标准. SL 398—2007　水利水电工程施工通用安全技术规程[S]. 北京:中国水利水电出版社,2007.

[11] 中华人民共和国水利行业标准. SL 17—2014　疏浚与吹填工程技术规范[S]. 北京:中国水利水电出版社,2014.

[12] 中华人民共和国水利行业标准. SL 677—2014　水工混凝土施工规范[S]. 北京:中国水利水电出版社,2014.

[13] 中华人民共和国水利行业标准. SL 62—2014　水工建筑物水泥灌浆施工技术规范[S]. 北京:中国水利水电出版社,2014.

[14] 中华人民共和国水利行业标准. SL 176—2007　水利水电工程施工质量检验与评定规程[S]. 北京:中国水利水电出版社,2007.

[15] 中华人民共和国水利行业标准. SL 233—2008　水利水电建设工程验收规程[S]. 北京:中国水利水电出版社,2008.